順勢而為

揮出獲利全壘打!
運用趨勢追蹤策略,為自己創造投資好球帶!

Beauty53 ——著

蔡佩君 ——譯

쩐의 흐름을 타라

- 前言 -
「爲散戶量身打造的操盤法」

大家好～

我是一位操盤手，在金融衍生商品市場裡打滾了十幾年，不過，不久前我離開了業界。我大概不會再回到第一線擔任操盤手了，但這份工作曾是我人生的一切，至今我仍對它有很深刻的感情。

在證券平臺 Paxnet paxnet.moneta.co.kr[1] 上寫文，本是因為我想留給市場最後一份禮物，而這件事成為本書出版的契機。我也許只是想留下一點痕跡，證明市場上曾有過這樣一個人，他帶著這些想法交易，所幸最後平安離開了市場。

想透過本書大賺一筆的讀者，我必須對你們說聲抱歉，這本書不是一本教你怎麼賺錢的書，如果你的目的是想賺大錢，我建議你可以去找其他的書。我不知道能百分之百讓你賺大錢的祕訣，我也不相信世上有這種祕訣。

我寫這本書是想表達，即使沒有這種祕訣，我們依然有路可走。市場上確實有一群人，透過交易持續獲利，但這並不代表他們做的是非法交易，也不代表他們有不為人知的特殊祕訣。

我想告訴各位的交易方法，就是「趨勢交易」trend following（一譯順勢操作）。這是歷史最悠久的交易手法之一，也是大部分成功的交易人

---

1 編註：現址已改為 paxnet.co.kr。

愛用的交易策略。也許趨勢交易是散戶們唯一可用的策略，因為散戶在消息面上必定相對落後，而「股市行情」是我們唯一能夠即時接觸到的消息。

趨勢交易必須建立在一個大前提之上——
「股票行情存在趨勢變化。」

遺憾的是，我們無法得知趨勢什麼時候開始發生，什麼時候結束。即使參考再多經濟指標、追蹤金融動態、觀察匯率波動，股市的變化依舊領先或同步於這些指標，所以我們仍然無法預測股市的動向。因此，我們乾脆閉上雙眼，別去探究這些資料，只追隨線圖上的趨勢，拿掉各種輔助指標，只利用價格與交易量追蹤趨勢。

趨勢交易，應對比預測更重要。重點是，當我們運氣不錯，成功搭上一波趨勢的時候，要一路追隨到趨勢結束為止；如果不小心逆勢操作，就盡快停損。

優秀的趨勢交易人必須對市場保持正確的態度，也就是坦然接受以下幾件事情：

- ◆ 獲利和虧損都取決於市場。
- ◆ 我無法控制市場。
- ◆ 但我可以控制自己的行為。

如果各位已經下定決心要「順應市場」，遵從趨勢交易的教誨來進行交易，就把上面這段文字寫下來，貼在你的螢幕前吧，無時無刻都千萬不能忘記這個原則。

不曉得是不是被過去不堪的投機歷史影響，近期韓國投資圈裡瀰漫著「主力會掏空散戶荷包」的陰謀論，導致很多技術分析手法都立足在這種觀點之上。因此，市面上一堆商人打著「揪出主力股」的名號，教授投資人錯誤的交易手法，很多散戶盲目相信他們的說辭，進到市場後卻是一片「腥風血雨」。

市場上確實有領頭的主力，但是主力不是由單一的勢力組成，所以我認為以二分法的方式，把市場分成主力和散戶這樣的鬥爭形式，未免過於簡單，扭曲了現實。

所謂的主力，是擁有資本及情報、對行情具備一定程度影響力的市場參與者。主力並不是全知全能的存在，他們無法像玩玩具一樣，把行情把玩在手中，隨心所欲控制漲跌。當然，過去曾有一段時期，市場上存在著擁有類似能力的主力，但在當今市場上，已經很少見了。

我想告訴各位的是，用這種陰謀論的角度來看待市場，對你並不會更有利。真正理想的心態，不該是腳踏實地學習、從中領悟市場行情的原理嗎？

交易沒有「王道」之說，再強的高手，也沒有什麼不為人知的獨門祕訣。**賺錢與賠錢的投資人之間，差異不在於交易手法，而是在於看待市場的觀點、對待交易的態度、解釋資訊的能力、處理交易失敗的方法，以及資金管理等等。**

交易這件事，對於已經悟「道」的人而言真的很簡單；但對於無法領悟的人來說，又真的很難。所謂交易之「道」，來自於一種匠人精神，跨越短期獲利的波動，保有長期思維，重點不是一味追逐金錢，而是要完成一場優秀的交易。

不論是哪一份工作，目標都應該是要達成卓越，如此一來，錢就會

自己貼上來。但如果為了錢不擇手段，你的心總有一天會變得疲憊，終究無法達成你想要的目的。

　　這本書沒有概括所有交易相關的內容，但是我把重點整理得非常簡單易懂，目的是要讓所有人都可以讀懂。

　　如果大家看完這本書，不會再把金錢浪費在那些號稱自己有「百分百祕訣」的高手身上，我覺得我就完成最起碼的任務了。除此之外，我微不足道的經驗談，如果可以幫助到正為股票所苦的散戶，讓各位成長，走上「正道」，我會非常高興。

　　誠摯希望在各位成長為操盤手的過程中，本書能夠為各位提供些許養分……。

2009 年　秋
Beauty53

CONTENTS

前言　「為散戶量身打造的操盤法」──002

CHAPTER 1　交易的基礎
心態很重要

- 想成為交易高手：三個必備條件──012
- 想把難的遊戲變簡單：心態很重要──016
- 趨勢交易技巧：掌握市場、金錢與我之間的關係──019
- 帶給散戶力量的一段故事：賺錢的方法確實存在──023
- 押注的技巧：固定比例，適量下注──027
- 防守的技術：比敲出全壘打更重要的東西──032
- 比交易技法更重要的事：投資也要懂得休息──036

CHAPTER 2　交易的高等技術
跟著市場走

- 對於交易祕訣的幻想：不要到處找高手──040
- 成為好策略的條件：越簡單越好──043
- 成為市場贏家的祕訣：活得夠久，才能享受紅利──048
- 股票和愛情的共通點：無法隨心所欲──056
- 未來可以預測嗎：能百分百準確的行情走勢訊號？──060
- 散戶成為高手的捷徑：打造屬於自己的好球帶──063
- 把握強勁趨勢的方法：專注在行情與均線上吧──067
- 股價動能與動能反轉：騎上馳騁股市的千里駒──070

判斷行情的經驗法則：別急著斷定行情──073
什麼時候該賣：股價相較高點下跌一定比率後再賣出──076
辨別假行情的方法：再多觀察一下或者確認交易量──080

CHAPTER 3　人性與投資
別再幻想著「我不一樣」了

控制欲：你能控制的是什麼？──084
無意識想預測行情的心態：應對進退比預測更重要──087
短期績效的誘惑：千萬別掉入朝三暮四的陷阱──089
期待與現實的對立：過分期待是摧毀交易的元凶──092
心理帳戶的陷阱：千萬不可以攤平，建議採用金字塔式交易法──095
被後見之明與現在綁架的人類：市場永遠都有機會──098
資訊量、自信與確認偏誤：只有神才能預測未來──100
自利性偏誤與心理防衛機制：獲利比自尊心更重要──103
過分自信所帶來的問題：別再幻想「我跟別人不一樣」了──106
交易跟減肥的相似之處：關鍵永遠都是自己──109

CHAPTER 4　了解行情
透過週期解讀行情的大趨勢

市場的型態與行情的原理：微風只能吹落葉──114
股價波動的週期：了解波動疊加的原理與基本週期──120
股價的左右轉移：了解漲跌的高峰──127
波動發生的原因：關注市場的過度反應與修正反應──130
當市場無風無浪的時候：為即將到訪的大趨勢做好準備吧──134

操盤的主力：他們真的存在嗎？——137

技術分析：真的可行嗎？——140

CHAPTER 5　專業的實戰策略
順勢而為

建立交易計畫：真的能照著計畫走嗎？——148

從進場到出場的基本策略：買在陽線、賣在陰線——151

判斷行情的方法：多多運用週K而不是日K——155

掌握波動性：判斷市場品質的關鍵——159

熊市反彈：小心恐慌發生前的反彈——162

如何建立適合行情的交易策略：交易績效是最好的反饋——165

掌握領導股的方法：押注資金集中的產業——172

該投資什麼股票：放下對飆股的幻想吧——177

量化交易：另一套武器——180

Column BEAUTY53 交易法——183

CHAPTER 6　務必銘記在心的投資重點
風險管理比獲利更重要

交易的起點：建立投資理念與交易原則——186

風險管理：風險管理比獲利更重要——189

進出場時的檢查重點：趨勢的持續比你想像中更久——192

心態與市場的檢查重點：同步市場節奏和自身的交易節奏——196

撰寫交易日記：留下紀錄才能成為高手——199

操盤手線圖：帶給你超越股價分析的洞察——203

交易即事業：把虧損管理擺在第一位——208
　　規劃策略：先解讀市場吧——212
　　簡易的期貨交易策略：運用均線交叉策略，長期下來也能獲利——216

CHAPTER 7　虛擬訪談
「BEAUTY53」與散戶「小傻」的對話

　　基本面：應該再更信任股價多一點——222
　　技術分析：先分析長期趨勢——224
　　投資策略：追求簡單的原則——226
　　資金管理：利用比例原則進行風險管理——228
　　選股：建議交易指數或投資領導股——230
　　投資技法的風潮：趨勢交易是一場生存遊戲，實踐起來並不容易——232
　　趨勢交易法：對散戶而言最簡單的投資方法——235
　　停損：利用已規劃好的腳本，克服心理的焦慮——240
　　逆向操作：跟群眾唱反調才能不賠錢——242
　　選擇權投資：沒有原則就死路一條，絕對只能小額投資——245
　　期貨投資：槓桿的高風險，預備金要充足才行——248

結語　獻給想成為市場贏家的你——252

Chapter 1

交易的基礎

心態很重要

想成為交易高手
三個必備條件

　　投資股票很累吧？有很多人，在股市裡賠個精光還不打緊，不管再怎麼努力鑽研，還是看不到答案。還有些人，覺得反正都要靠運氣，為了一鼓作氣賺回在股市裡賠掉的錢，跑到選擇權市場上，把自己交給命運，孤注一擲，結果傾家蕩產。

　　以短期來說，股票投資的成敗確實會受到運氣影響，就像是新手可以到賭局上贏個一、兩把。但是長期來說，如果你沒有找到屬於自己的投資方式，就會像賭局上的冤大頭一樣，被吃乾抹淨之後，默默離開市場。應該很多人都有這種經歷吧，百分之百，毫無例外。

　　我想直接了當的告訴各位散戶：「先決定好你想要『投資』還是想『交易』吧！」

　　投資是基於長期的願景，是超脫短期行情波動，進而追求獲利的行為。那交易又是什麼？交易是把短期行情波動當成獲利的來源。如果你想做「投資」，就必須離開螢幕面前。每天盯盤又嚷嚷著自己要「投資」的人，絕對無法達成他想要的那種「投資」。

　　交易之所以能成功獲利，是因為行情波動的時候，偶爾會出現趨勢。如果市場上不存在吃得到的趨勢，交易就無法成功；坦白說，是連投資都不會成功。行情一定會有「趨勢」（這點切勿忘記！），而交易就是

一場順勢操作的遊戲。

因為大多數的散戶，都需要在短期內獲利，所以長期投資可能對他們幫助不大（我的意思不是說長期投資是錯誤的行為，而是在說，等待這件事對於散戶而言有如酷刑）。

如果你是打算要「投資」的投資人，你現在就可以闔上這本書，因為我在書裡，不會對「投資」有太多著墨。但如果你抱持著「交易」的心態來看這本書，應該可以透過我的經驗，汲取一些想法。

想學好交易有幾個條件。

第一個：**保持正確的心態。**

第二個：**控制好籌碼。**

第三個：**懂得把握行情的強弱與脈動。**

現實中，很多人孤軍奮戰就只為了預測行情，但老實講，上述三點裡面，最難的就是第一點。

所以，什麼叫做「正確的心態」？我說過，交易最重要的就是吃到「趨勢波動」，所以千萬不要在門口「站崗」。維持同一個倉位，期待著行情出現漲跌，本身就是一種錯誤的心態。交易的時候，我們只要吃到自己能吃的肉就好了。所以我在我的辦公室，貼了一些很搶眼的標語。

吃自己吃得到的肉就好！

如果你分不清什麼能吃、什麼不能吃，反而像一頭飢餓的豬一樣，把全部都吃下肚，你肯定會完蛋⋯⋯。反過來說，明明有肉可吃，卻因為害怕而不敢撲上前，這就是最愚蠢的行為了。

行情走勢不如預期就立刻停損。

行情不動卻持續持倉，是一種愚蠢的行為。持倉本身就是一種風險，

行情波動的時候進場,停止不動的時候出場,就是所謂的交易。

錢只是一種分數。

錢只有在現實世界裡是錢……當它變成籌碼的那一瞬間,它就已經不是錢了,只是一種分數。

交易過程中被情緒沖昏頭,就是停手的訊號。

如果無法保持冷靜,就先離開遊戲吧。

沒辦法天天賺錢。

如果可以遵守以上的原則,獲利曲線終究會以鋸齒狀上升,但如果違反原則,結果往往是自取滅亡。

其實我也覺得,要建立正確的心態,是最難的一件事。我曾經在行情飆漲的時候中途下車,也曾經在行情暴跌的時候以肉身擋刀。因為這樣,我經常被我最一開始的師父罵到臭頭。想要交易,就要有在行情暴漲時繼續持倉的膽識,同時在行情暴跌的時候,也需要做出敏捷的反應,用最快的速度脫身。用一句話來總結短線交易就是:「要善於打帶跑 hit and run。」

接下來是資金管理,這部分從某方面來說,好像應該包含在心態裡面。不管怎樣,交易的時候,你的交易金額必須可以讓你感覺自己在「玩遊戲」。如果你投資的金額,會讓你無時無刻都處於虧損的恐懼,甚至會讓你漏尿的話,那你絕對是瘋了。接下來,要根據行情的波動調整籌碼,讓波動的幅度和籌碼呈現反比。劇烈波動的時候,減少籌碼;波動較小的時候,增加籌碼。如此一來,可以讓你的平均未實現收益的變動速度保持穩定。

最後是掌握行情脈動的方法,這部分我們會在後續的章節逐步探討。

市面上有很多技術分析的書可以參考⋯⋯但我想先強調,絕對不要把交易搞得太難、太複雜。我個人絕對不會在線圖上,掛滿各種輔助指標。

> ❶ **Power Message**
> 交易是一場靠趨勢獲利的遊戲。想要學好交易,條件是要擁有正確的心態、擅長調整籌碼,並把握行情的強弱與脈動。

想把難的遊戲變簡單
心態很重要

　　交易高手通常想法都很簡單，並不是因為他們懂得多，所以賺得多。做生意就是這樣，就算你很了解自己賣的東西，也不代表生意就更成功。

　　反正行情只有三種可能：①向上②向下③往右。這麼簡單的遊戲，大部分的散戶都把它搞得太複雜了──從頭到尾看完一家公司的財報、剪貼所有相關的新聞報導、開一大堆線圖、參考所有的指標。

　　像這樣汲取資訊，就能預測行情走向了嗎？結果是了解得越多，反而讓自己的想法更加固執。

　　我再強調一次，心態很重要。重點不是資訊，而是心態。我敢保證，只要心態正確就能賺到錢。就算不會各種股市分析，只要擁有順應市場的心態，你就能賺到錢！

　　雖然心態如此重要，但人們依然只是嘴上說說，實際上並不在意。以我的經驗，我跟你保證，只要心態建立好了，只要明天市場依然存在，你就能獲利。心態 Mindset，也可以說是一種思維框架，其中包含了你怎麼看待股票遊戲、你定義遊戲的方式、以及玩這個遊戲的目的……等等。

　　問各位一個問題，假如你從市場上賺到錢了，你覺得是誰讓你賺到了這筆錢？

　　① 有如天才操盤手般的自己

② 像笨蛋一樣送錢上門的某個別人
③ 市場

回答①的人，可以說是超級大菜鳥。這種人仍誤以為市場可以被他操控。在高手眼裡看來，他們還處在妄自尊大的階段。假如股價不照著他們的意思走，他們甚至會頭冒青筋，氣得大吼大叫。

選擇②的人已經開始意識到市場上有主力，知道自己只是「孤軍奮鬥的散戶」，這個階段的人，已經脫離超級大菜鳥的階段了。但是他們依然把這場遊戲當成個人戰，覺得只要我賺錢就有人會賠錢，還停留在想要從策略上壓制對方的鬥雞階段。

答案其實是③。「**落葉只是隨風飄蕩，所有的獲利與虧損，本就取決於市場。**」這是一句名言，請把它抄下來（如果不想抄就背下來）。

這場遊戲的目的，是努力追隨市場。要去察覺風吹的方向，然後轉身奔向那一方，這就是投資人該做的一切。**交易的核心不是在風起之前，預測風會吹向哪邊，而是去察覺風向。**

投資股票真的是一場很簡單的遊戲。想要賺錢，只需要去察覺風向，如果風向改變，就跟著改變方向，如此一來，市場就會讓你獲利。不需要揮汗如雨的工作，不需要看上司的臉色，也不用像蒼蠅搓手那般苦苦拜託別人。只要知道正確的方法，操盤手是最棒的職業之一。

投資股票之所以變得困難，我認為問題出在①和②的思維模式！因為想要控制市場，所以在不可能的事情上白費力氣，自然會加深遊戲的難度。再加上他們想打敗別人，可偏偏世界上聰明人那麼多，光是要贏過別人，他們就把自己的力氣耗光了。

除此之外，讓投資股票變困難的心態還包括：不想賠錢、想保本、

每次交易都聯想到之前的交易⋯⋯等等。

　　首先，不想賠錢的心態，就像是上了戰場卻希望無人傷亡一樣。如果有個將軍用這種心態在擬定作戰計畫，不是被當成瘋子，就是會被革職。如果想要贏得戰爭，就必須付出某個程度的犧牲。戰爭的目的不是讓我軍全員生存，而是要獲勝。

　　所以投資股票的目的呢？是賺錢嗎？這確實是最終目的沒錯，但交易過程中請先稍稍忘掉這件事，投資股票的目的是──「順勢而為」。

　　想回本的心態不必多言，但把過去的交易跟當下的交易混為一談的心態，也是種阻礙。上次的交易以虧損收場，那這次的交易就算獲利，也不叫做回本，就只是「賺錢」而已。賠錢的交易就是賠錢，投資股票時，要像個失憶症患者，就好比久遠的賣座電影《記憶拼圖》的主角那般。

　　糾結於過去，懷抱著想復仇或自視甚高等無謂的情緒，最終會導致我們在交易時感情用事，這是通往失敗的捷徑。

　　未實現損失不算虧損、未實現收益就算獲利，這種心態也很可笑。何不把虧損和獲利反過來思考？顛倒過來才是正確答案。未實現損失就是已經發生的虧損，虧損時可以合理繼續持倉的理由只有一個：趨勢還沒改變。

　　反之，未實現收益絕對不代表大家都獲利。在有未實現收益的情況下，所有人都想實現獲利，這也就意味著：並非所有人都可以拿到等值的未實現收益！未實現收益就是一種幻象而已。

　　簡化交易吧。所謂的操盤，就是找出風向，然後順著風飄蕩。

趨勢交易技巧
掌握市場、金錢與我之間的關係

本書向各位讀者介紹的趨勢交易法，其實是一個歷史悠久的交易策略。正式把這個交易策略系統化的人，是曾經在美國商品期貨市場上走跳的理查德・唐奇安 Richard Donchian。

他看起來就像個心地善良的老爺爺吧？他其實畢業於耶魯大學，拿到了經濟學碩士，是一位社會菁英。年輕時的他，讀完傑西・李佛摩 Jesse Livermore 的《股票作手回憶錄》Reminiscences of a Stock Operator 後有感而發，突然對金融市場產生了極大興趣。後來他開始沉迷於技術分析，探索著行情走勢的歷史。

說到這裡，總不能跳過傑西・李佛摩吧？他是一位眾所皆知的傳奇操盤手。

這位長得很嚴肅的大叔，可以被稱為趨勢交易之父。不過，傑西・李佛摩也是從狄克森・華茲 Dickson Watts 的著作《投機藝術》Speculation As a Fine Art 中，獲得了不少靈感。

只是，傑西・李佛摩在1940年出版了《傑西・李佛摩股市操盤術》How to Trade in Stocks 後，就用自殺的方式，結束了自己的生命。最直接的原因，是他因投機導致自己破產；但根據推測，他從很久以前就患有憂

心態很重要・019

鬱症了。他從十五歲開始在交易仲介所裡跑腿，和股市結下不解之緣，一生中反覆經歷好幾次成功與破產，始終過著全職操盤手的生活，其進帳和賠掉的錢，高達數億美元。

接著，我們來認識當今最具代表性的趨勢交易人吧。

從左到右：比爾・鄧恩（Bill Dunn）、艾迪・塞柯塔（Ed Seykota）、約翰・亨利（John Henry）、理察・丹尼斯（Richard Dennis）

他們都是趨勢交易界裡的傳奇人物。

韓國不也有一位利用趨勢交易，在期貨市場上大舉獲利，然後轉為經營教育事業的尹康老先生嗎？他的綽號「狎鷗亭泥鰍」更是廣為人知。

除此之外，很多民間高手也都採用趨勢交易策略。也許趨勢交易是散戶們唯一可用的策略，因為散戶在消息面上必定落後，而「股市行情」是我們唯一能夠即時接觸到的消息。

趨勢交易必須建立在一個大前提之上——「**股票行情存在趨勢變化。**」不管再怎麼努力，我們都無法提前預知趨勢。對於趨勢交易法來說，應對比預測更重要。重點在於：當我們運氣不錯，成功搭上一波趨勢時，要一路追隨，直到趨勢結束為止；如果不小心逆勢操作，那就盡快停損。

身為趨勢交易人，對市場抱持正確的態度很重要。所謂「正確的態度」，就是坦然接受以下幾件事情：

- ◆ 獲利和虧損都取決於市場。
- ◆ 我無法控制市場。
- ◆ 但我可以控制自己的行為。

如果各位已經下定決心要相信我，要遵循「趨勢交易」的哲學進行交易，那就把上面這段文字寫下來，貼在你的螢幕前吧。這個原則，時時刻刻都不能忘記。

現在，讓我們逐一細品這三句話的意思吧。

獲利和虧損都取決於市場。

買完股票之後，股價上漲就是賺錢；股價下跌就是賠錢，就這麼簡單。不過股價根本沒有把我這個人放在眼裡，它只是自顧自地有時漲、有時跌。所有的損益都來自於市場的動向，這是理所當然的。

我無法控制市場。

買完股票之後，就算你費盡九牛二虎之力祈求它上漲，股票也不會漲吧？股票的走勢完全不在我們個人的控制範圍內，不要費盡心思去控制一個你控制不了的東西。就算你坐在螢幕前，狠狠瞪著它，對它大吼大叫、憤怒至極，股市也不會知道，還不如乾脆放空你的心靈吧。

但我可以控制自己的行為。

如果我打從一開始就沒有買進股票，那自然也就沒有獲利或虧損的可能。或者如果我儘早停損，虧損就不會繼續放大。交易的時候，重點不在於市場，而在於我們自己。

如果沒有建立正確的心態，就很可能陷入某些錯誤的心理誤區。

第一種錯誤是：因為我厲害、因為我分析技巧超強，所以才賺到錢；

但賠錢的時候，就怪罪運氣不好、市場不好。錯！真的大錯特錯！是賺是賠，都取決於股市的波動。

第二種錯誤是：固執己見。當市場走勢跟自己預期的不同，卻不願順應市場，反而堅持己見，認為市場終究會朝著自己的看法發展。嗯，市場已經跟你預期的不同了，嚴格說來，走勢發生的那個瞬間，你就已經錯了。你到底是哪來的信心，還如此堅持？市場根本不知道有你這個人的存在！

第三種錯誤是：過度自信。過度自信往往會導致過分下注，押注過大是投資人跌落谷底的頭號原因。

> ❶ **Power Message**
> 趨勢交易的歷史悠久，是一個應對進退比預測更重要的交易策略。請務必牢記以下三點：你賺的錢是市場給的、永遠都要順應市場、不要過度相信自己。

帶給散戶力量的一段故事
賺錢的方法確實存在

我的青春真的都獻給了股票，我甚至覺得，如果我做其他事情也這麼努力的話，不管做什麼都會成功。

交易不是一種學科知識，操盤手也不是什麼專家學者，只是一種職業玩家。星海爭霸玩得很強的玩家，是因為他理論很強嗎？不是吧。那是理論＋流血流淚的練習＋過程中累積的功力，霎那之間整合在一起，最終迎來了「融會貫通的瞬間」。

我之所以決定要出書，是因為我覺得，是時候傳遞我所知道的知識了。雖然這件事看起來沒什麼，但我希望大多數人在開始投資之前，都可以先知道「股票是什麼」，至少不要重蹈我經歷過的波折與失敗……另一方面，也是我希望可以試著用文字，把我這幾年學到的交易之道，系統化地記錄下來。

請各位暫時跟我一起回到過去～我想分享我個人的一些故事。

學生時期，我是股票社團的社長，當年我主要採用價值投資策略。我們社團每個禮拜都會聚在一起進行深度的企業分析，然後再上臺發表，互相交換意見。我主攻小型股 small capital，我的特殊技能是：發掘規模雖小但基本面扎實、且具有高度成長潛力的企業。菲利普・費雪 Philip A. Fisher 是我的英雄，他的書我已不知反覆看了多少遍。

畢業之後，基於這段時間以來累積的知識，我開始正式投資。不幸

的是，我遇到了 IMF 事件[1]爆發。天啊～我深信銀行不可能倒閉，我買的銀行股卻全都變成了壁紙……我當時過著每天燒酒不離身的生活。大學時期跟我轟轟烈烈談了場戀愛的女友也離我而去，我患上重度憂鬱症，甚至還去精神科接受治療。

讓我更顯悲慘的是，我畢業於名校，朋友們都已安安穩穩地在大企業工作，成家立業、過著甜甜蜜蜜的生活。我卻他X的執意要在股票上一決勝負，結果變成了一個廢人……。

總而言之，IMF 狠狠地為我上了一課（除了我以外，在這段時期得到教訓的人應該也不少吧）──**我領悟到：「股票市場上，沒有什麼不可能的事。股票沒有所謂的低點，市場喜歡教訓那些固執己見的人。」**我放棄了價值分析策略，轉而開始去上課，學習技術分析，然後踏上了一條慘絕人寰的實戰鬥士之路。我晚上去當代駕，做著各種新型態的打工，除了賣身以外什麼都做。我完全放下了自尊，「我可是名校畢業生啊……」這種老調重彈的想法，也早已被我徹底拋諸腦後。

我四處尋找股票高手。就算要付高額的學費，就算路途遙遠，我還是想要去學習他們的祕訣。Paxnet 對我來說有個特殊的意義，我會在那裡讀文章，只要有人散發出高手的氣息，我會不管三七二十一，直接私訊他，邀請他見面。

直到我遇到一個很棒的老師之後，我的股票生涯才開始發生轉變。他經營著一個規模不大的 Café[2]，不過這不是他的本業，經營 Café 只是

---

1 編註：即 1997 年的亞洲金融危機。當時韓國多家大企業相繼破產，無力償還銀行的高額貸款，韓元大貶。韓國政府向國際貨幣基金組織（International Monetary Fund，簡稱 IMF）求助，韓國國內後多以 IMF 事件指稱當時的金融風暴。
2 譯注：韓國流行的一種網路社群平臺，類似以前的奇摩雅虎家族（或者今日的 FB 社團）。

他的興趣，他的正職是衍生市場的操盤手。

我把自己淒慘的經歷告訴他，不分青紅皂白就要求他教我投資。他很同情我，選擇對我伸出了溫暖的援手。他是我的恩人，在他身上，我從基本理論開始，扎扎實實地學到很多東西。我現在所懂的一切，都源自於他。

可惜的是，他不久前因癌症離世了，我因此陷入比喪父之痛更深沉的悲傷中。或許我現在用文字記錄下來的內容，就是所謂趨勢交易的哲學……其根源可以追溯到好久以前……而我的恩師，就是這門哲學最忠誠的傳承者吧。

我向師父學習趨勢交易，入門衍生市場，孤軍奮鬥了將近十年之後，我終於東山再起。 這也讓我有了一筆不用再繼續賭博也能安然度日的財富。至今，我依然非常緬懷這位改變我人生的恩師。

好，讓我們再回到現在～

散戶想要成功？
當然要拚命練習。

近年來有很多 HTS（Home Trading System，即電子下單系統）都有提供模擬投資的功能。運用這個功能來練習，你就能學習到感知行情強弱的方法（只是不是用真正的貨幣在投資，所以可能會有點沒勁）。但最重要的是，順應市場的心態！順・應・市・場・的・心・態！！！

假如你持有一定部位，但心裡總覺得怪怪的，這就是你在對抗市場的證據。 當你產生這種直覺，請立刻平倉，而且絕不可以馬上反向操作！必須重新分析市場有無明確的走向；如果有，要知道那個方向又是哪裡。

有人會說：「市場是有效率的，所以不可能有賺錢的方法……。」這句話就像是在說……星海爭霸的高手很多，所以努力練習，朝著高手

邁進是一個毫無意義的行為；或者就像是在說，如果有一個祕訣能夠考進首爾大學，所有人都會採用同樣的祕訣，所謂的祕訣根本不存在，一切都是靠運氣，所以別念書了，直接去考大學入學考試吧。

　　與其相信這種話，還不如立刻去多加練習，因為市場只會對願意鍛鍊自己的人露出微笑。

> **❶ Power Message**
> 操盤不能只靠知識，必須把透過無數次實戰經驗獲得的知識，和自己的交易習慣融合為一，才能成為股市老將。市場確實存在賺錢的方法。與其抱持著冷嘲熱諷的態度，還不如孤軍奮鬥，努力找出這個方法，如此一來，你將漸漸領悟交易之道。

押注的技巧
固定比例，適量下注

　　各位，你們覺得要很會預測市場走向，才能夠賺到錢嗎？冷靜想想吧。如果你這樣想，那就大錯特錯了。你對市場的理解，完全不對。

　　從現在開始，別再執著於預測市場了，市場沒有辦法被預測，絕對無法！

　　關鍵在於，大趨勢出現之前，要想辦法避免在市場上輸成零鴨蛋，從中生存下來。只要你能活著，就有很高的機會可以大舉獲利。屆時，一定要百分之百好好利用這個機會。這就是在市場上獲利的方法。

　　我現在要開始講解如何押注，請豎起耳朵，仔細聆聽（就是要各位張大眼睛仔細看）。

　　有一陣子，我曾透過打撲克來教導師弟們。雖然我不是撲克高手，但撲克牌涵蓋了所有賭博的本質，其中也包含了股票。成為撲克高手，也就能成為股票高手。

　　買股票的目標，不是精準預測股市，而是獲利，對吧？

　　我舉個極端的例子，來證明「能精準預測股市，不代表就能成為投資贏家」。假設有個人，他擁有非常卓越的分析能力，幾乎可以猜對90%的股票走勢，換句話說就是，他十次有九次都會猜對。但這個人有個非常不好的習慣，每次押注時，如果不梭哈他就受不了。

　　剛開始，他把手邊的1000萬全部梭哈，多虧他卓越的預測能力，他

賺了一倍的獲利。接下來，他又梭哈了 2000 萬。他超～級厲害！再度精準預測，又賺了一倍。他的資產一下子就漲到了 4000 萬。

他就這樣，連續賭贏了九次，整整九次啊……所以這筆錢連帶利息增加到了 50 億左右（準確來說是 51 億 2000 萬）。這次，他當然也把 50 億梭哈了。不過這次他猜錯了，他的錢一下子全都輸光了。

孤注一擲的押注方式，不管贏再多，只要輸一次（真的只要一次），過去你賺的所有錢，都會直接被吞噬。

假設有另一個人，他比上一個人稍微謹慎，他只做定額押注。不管他有多少錢，他永遠都只押 1000 萬。跟上一個人比起來，他算是很不錯了吧？如果幸運的話，他應該可以在市場上存活好一陣子，但如果運氣不好，連續虧個幾次，就無法擺脫破產的風險。舉例來說，假如他本金是 1 億元，如果連續輸個十次，那他就輸了個精光。

接下來，第三個人出現了。這個人膽子很大，他採用的方式是，不斷倍數增加押注金額，直到賭贏為止。假設他原本下注 1000 萬，倘若輸了，就把籌碼增加到 2000 萬；如果又輸了，就增加到 4000 萬。我們該給予他什麼評價呢？

他的理論是：人不可能永遠都輸，總會贏一次吧。只要堅持下去，每當他贏一次，不但可以回收所有本金，還能產生 1000 萬的獲利。他主張，這樣一來就能無限輪迴，不斷賺錢（補充說明：這種策略被稱為「平賭」martingale〔或譯馬丁格爾策略〕）。

或許會攤平股票的人，也是這個邏輯吧？因為股票不可能永遠只跌不漲，所以每次股票下跌時，就買進更多的股票，總有一天可以回收所有本金，而且還有賺。

這個邏輯，從理論上來說是對的，但其中有一個最重要的前提——採取這個策略的人，資本必須非常雄厚。如果你知道，二的平方增長速

度有多快,也知道指數型函數的疊加有多可怕的話,你應該就知道,這個人的本金必須要接近於無限大。

腦筋動得快的人,應該已經從我的語氣中判斷出來,上述這些押注方法,長期下來都會帶你走向破產。不管你的預測再怎麼精準,用這種方式押注,最終都只是自取滅亡。換句話說就是,這是一場必輸無疑的遊戲。

所以要怎麼做,才能把必輸無疑的遊戲,轉變成必勝的遊戲呢?答案很簡單,重點就是改變押注的方法(雖然實踐上並不容易)。其實你的勝率不需要達到90%,雖然勝率越高越好,但在我看來,勝率只要有55%左右,就能夠長期獲利。

這個方法就是,從自己的資產裡,拿出一定比例的錢來押注。如此一來,當你虧損的時候,押注的籌碼就會變少,所以只要不是遇到勝率特別低的遊戲,你都不會破產,還能繼續在市場上存活。但是當你的獲利開始成長,押注的籌碼就會隨著複利增加。我個人推薦的比例,是戶頭餘額的10%左右。

散戶若想在市場上取勝,首要的祕訣就是:「在市場上生存下來。」所以資產減少的時候,減少籌碼;資產增值的時候,增加籌碼。很簡單吧?擁有基本的框架,再結合線圖分析、基本面分析等方法,才能在市場上持續累積財富。

有一個公式可以幫助我們找出最佳的押注比例,它就是凱利公式Kelly's formula。只要是成功的賭徒,沒有人不知道這個公式。只有那些認為股票不是賭博、否認風險的人們,才會在實際上根本就不存在的「安全範圍」裡,玩著「股票投資」的遊戲。

凱利公式可以在我們已知損益比的情況下,為我們決定出最合理的

下注比例。重點在於我們必須知道勝率，而且損益比必須要按照自己的經驗做調整，大多數書籍推薦的比例，通常都是 3：1。

各位現在應該知道，我為什麼在一開始就說投資最重要的是心態，接下來是資金管理，最後才是分析了吧。善於分析，準確預測，確實是一種美德；但光憑這些並不能讓你成為股市裡的勝利者。我帶師弟們打撲克的原因就在於此。

但是，反過來說，就算分析結果不對，只要懂得如何下注，長期下來終究會成為贏家。不過，要精通這種下注的方式（經歷過的人就會理解我在說什麼），必須經歷「自我克服」這個艱辛的過程。所以說，心態最重要。

我前面有提到，撲克牌和股票很像。如果有機會的話，你可以去問問撲克高手們祕訣何在，我想那些高手肯定會提醒你：「要懂得等待。」

在好牌上門之前，懂得如何輸小錢的人，才是真高手。而且真正的撲克高手，一定會守住勝局，不會犯下被別人逆轉勝的失誤。只要是能贏的局，他們肯定會大快朵頤。

交易的祕訣也是一樣。股票有輸有贏，但輸的時候請安分守己，如果在這裡全軍覆沒，那你就無法繼續參與遊戲了。

就算你握有一手好牌，但若總是無所畏懼、桀驁不遜，終究會落得身敗名裂的下場，這是所有賭盤上共通的鐵律。你無法控制自己能拿到什麼樣的牌，同樣的，市場也不在你的控制範圍內。市場不會因為你叫它上漲，就應聲上漲；也不會因為你苦苦哀求，它就應聲下跌。市場有自己的運行規則，從某方面看來，就和撲克牌一樣。

2007 年以後，韓國市場開始走跌，如果你不懂得收手，還持續買進；等 2009 年市場終於觸底的時候，你的資本早已消耗殆盡。反之，當虧損

發生時，不去攤平，選擇減少籌碼，等待時機，在市場上生存下來的投資人，反而可以在 2008 年底與 2009 年初股市大漲的時候，積極增加籌碼，一舉扭轉兩年來的虧損。我希望各位都能掌握這其中的核心所在。

> **❶ Power Message**
>
> 調整籌碼跟看懂行情走勢一樣重要，很多人卻對此視而不見。最理想的押注方式，是從你的資本中，拿出固定比例的籌碼。採取這個策略的話，就可以在虧損時減少籌碼，在獲利時增加籌碼，達到複利的效果。

防守的技術
比敲出全壘打更重要的東西

　　各位散戶～～～去問問高手們，怎麼樣才能賺到錢吧。我敢保證，他們百分之一百會告訴你：「要懂得如何果斷停損。」太多人都在強調停損，老生常談到連停損的意義都為之失色。所以你可能想刺探看看，還有沒有什麼其他方法……絕對沒有。

　　關於停損，眾說紛紜。討厭停損的人，會認為停損只是在助長頻繁交易。

　　不管哪一種說法，都有自己的一套理論。但就我個人來說，我認為身為操盤手，必須懂得如何停損。我把停損看作是一種防身術。

　　股票跟棒球很像，要進可攻、退可守。不管你敲出再多全壘打，如果每一局都失分，依舊無法贏得比賽。

　　很多散戶會花非常多心思鑽研如何進攻，至於防守技術，他們大多都只認為：「等虧損放大的時候再停損吧。」但是越菜的散戶，越應該先練習如何防守。只有懂得保護自己的身體，才能攻擊敵人，不是嗎？

　　各位菜鳥散戶！不要再問高手們「要怎麼樣才能選出飆股」了。好心的高手只會笑著說出一句：「跟著趨勢走。」然後馬上銷聲匿跡；壞心腸的高手會告訴你：「他媽的，我如果知道的話，我幹嘛要教你？我就自己先賺再說了。」

　　如果你問不到想要的答案，就換個問題吧。例如：「高手大人！要

怎麼樣才能避開暴跌股？」或是「我這次吃鱉了，拜託你告訴我，要怎樣才能避免我再度吃鱉！」如此一來，高手們就會突然有很多話要說。

我們來了解一下防守技術吧。我先講講幾個大原則，再來聊聊細節的部分。

原則一：交易額不超過自身總資產的 10% 以上。
原則二：絕對不要跟市場反著來。
原則三：下注之前先問自己：「這是現在的趨勢嗎？」

如果各位可以徹底遵守上面三條原則，絕對不會因為股票而血本無歸，甚至想輸光都很難。但以我的經驗看來⋯⋯原則二跟原則三稍加練習就可以做到，可是原則一，在你累積一定財富之前，非常難遵守。越菜的散戶，越容易在不應該下注的時候，拿著所有的財產和融資進場。為什麼會這樣呢？因為他們無法控制自己啊。正確來說是，他們無法控制自己的貪婪⋯⋯和發自本能的心態⋯⋯。

我們來重點討論一下停損吧。
停損有很多種定義，我喜歡把它定義成：
停損是「承認自己判斷失誤，於是清算持股的行為」。
判斷錯誤的時候，就坦誠一點吧。作為一名鬥士，必須懂得如何認輸。等你承認了自己的錯誤，還有接下來的難關要面對，你必須忍受在虧損的狀態下平倉，那種五臟六腑絞痛到不行的感覺。然而，熬過痛苦就會迎來快樂嗎？這麼說雖然有點矛盾，但真要達到交易高手的境界，內臟恐怕得先承受千瘡百孔的磨練。等到了內臟不會再絞痛的這個時候，你才可能吹著口哨，輕鬆停損。

說到底，停損只是一種出場的技術。有人說：「出場比進場更難。」因為這取決於，賺錢的時候，你要賺多少才會滿意；虧損的時候，你能否面對自己；又或者，你會選擇繼續觀望？相比之下，進場時需要煩惱的事情少太多了。

我們先簡單了解一下出場的技術吧。

● 一般停損 simple loss cut

為了消弭虧損放大的風險，不論虧損金額多寡，針對持有的部位進行平倉的行為。這是停損最基本的概念，也是散戶唯一擁有的概念。

● 回本停損 breakeven cut

買進後，等股票有一定程度的未實現收益，再把平倉的位置設定在成本價。如此一來，股票基本上沒有就沒有虧損的可能了。

通常剛建倉的時候，會先設定好停損的位置，等到未實現收益達到超過一定水準之後，再把停損的位置改為成本價，這是很多操盤手推薦的方式。

● 移動停損（或稱追蹤停損）trailing profit cut

這是一種保障獲利的策略。當上漲的行情無法繼續快速上漲，股價往往就會走跌。這個策略通常會利用拋物線指標（SAR 指標）來操作，在股價跟指標交會的位置進行平倉。

● 時間停損 time cut

這種做法是，當股票在一定的時間內沒有出現預期的走勢時，不管當下是賺是賠，都要將持股進行平倉。通常高手和低手最大的差別就在

於,懂不懂得進行「時間停損」。高手不會對市場懷抱不切實際的期待,一旦認為自己預估錯誤,就會不猶豫,立刻平倉,而且對這種操作駕輕就熟。

承如上述,防守技術是一門很重要的交易技術。在這方面毫無觀念的散戶,一窩蜂地想在股市裡賺大錢,你覺得能成功嗎?拜託各位一定要注意如何防守!不要只想知道怎麼進攻!

> **❶ Power Message**
> 所謂的停損,可被定義成:「承認自己判斷錯誤,清算持有部位的行為。」是一門非常重要的防守技術。停損的策略不只有一般停損,還有回本停損、移動停損、時間停損……等方式。

比交易技法更重要的事
投資也要懂得休息

有句話說：「不是高手才能賺錢，而是能賺錢的人才是高手。」就算一時之間賺到錢，但最後賠錢被迫離開市場的人，依然是低手；一時之間賠了錢，但最後成功獲利出場的人，才叫做高手。所以說，有句話可以安慰各位散戶們——「就算現在賠錢，也不要太難過。」如果某一天，你能成功獲利，然後離開這個瘋狂的賭局，你就是贏家。

股市裡，賺錢就是王道。不管你是像某個人所說的，買在低點、賣在高點；或是在高點買進，然後賣在更高點；又或是採取價值投資、長線投資，甚至是用最高科技的電腦系統賺取利差，我們在股市裡唯一的目的就是賺錢。只要能賺到錢，就達到了最終目的。

但是，人們最常犯的認知錯誤之一，是賺錢的時候以為自己很厲害；賠錢的時候到處找藉口，歸咎於市場爛到不行、運氣不好，或一時失手。

當市場處於牛市，不管你用什麼投資策略都能獲利，不論只是買進後持有，或是單純的均線交叉策略、股價創新高策略，甚至只是在股票跌的時候買進，上漲的時候賣出，都能賺到錢。然而，很多人會把在這段時期的獲利，錯誤地歸功於自己卓越的判斷能力，或是投資的技巧與方法。

不管你技術再棒，如果行情不漲，你要怎麼獲利？所以說，重點根

本不是技術，而是時機。股票有該買和該賣的時候，也有適合買低賣高或必須得賣出的時候。

如果這世界上存在一種「真正的投資技法」，那它應該要讓你知道什麼時候該投資、什麼時候該休息。那些只會教你什麼時候買進和賣出的技法，都是外行的手法。

萬年待在股市裡的人，最終可能會把賺來的錢賠個精光。該休息就休息，或者要按照市場的變化，改變自己的投資策略。一個在題材個股上賺大錢的人，如果在大型股行情來臨的時候，依然堅持投資題材股，那麼他將會被市場邊緣化；一個靠著熊市發大財的空軍，如果在牛市來臨時，依然堅持做空，終將賠光一切。

為了把握時機，我們應該專注了解現在的市場是牛市、熊市，或者盤整；是處於波動劇烈的階段，還是下跌的階段。這所有的一切，重點就在於了解主力的資金是否集中，假如有，就去找出資金集中在哪個市場、哪個產業、哪支股票。

主力的資金，絕對不會在短短的一、兩天內集中又再度分散。他們會等到市場上有足夠的錢，大眾有餘力接盤的時候，才會強勁地脫離底部，發展出驚人的漲勢。與行情站在對立面的人，若還希望市場會同情你，對你仁慈一些，你終將賠上如生命般重要的資金。反而是能夠順應這波趨勢的人，等到這波行情結束後，很可能已經成為大富翁了。

如果你在橫盤或熊市時，為了對付小規模勢力而揮汗如雨，最後你的格局，終將縮小到像他們一樣。當市場上沒有「老虎」、只有「狐狸」的時候，就儘早離開這片叢林吧。

當老虎重回市場，跟在他們身後，鎖定相同的獵物，才是趨勢交易的核心。老虎還沒出現時，就算再無聊、再乏味，也得耐心等待。急躁，是投資人最大的敵人。

> **❶ Power Message**
>
> 分辨高手和低手最重要的基準不是什麼時候該賣、什麼時候不該賣;而是高手知道什麼時候該投資、什麼時候該休息。千萬別忘了,在市場走勢不佳的時候選擇休兵,也是身為優秀操盤手的一部分。

Chapter 2

交易的高等技術

跟著市場走

對於交易祕訣的幻想
不要到處找高手

很多人會為了想學投資的祕訣，四處尋找高手。或許是因為這樣吧，股票市場常常被比喻成武林，在韓國又被稱作「股林」。在我看來，「對於交易祕訣抱持著幻想」，是對散戶來說最致命的毒藥。祕訣這種東西，顧名思義就是「幻想」。

如果有一種祕訣，能讓你每次交易的時候屢戰屢勝，那知道這個祕訣的人，就能夠把全世界的財富賺進自己的口袋。大家都知道，巴菲特透過股市累積鉅額財富，但他從股市上賺錢的方式，也跟預測短期行情相差甚遠吧？

但為什麼就唯獨韓國，無法停止對「高手」和「祕訣」產生幻想呢？

就像那些庸醫，他們會對患有不治之症、飽受痛苦的患者，灌輸他們可以痊癒的幻想；股票市場上也有一堆「自稱是高手」的人，迷惑著散戶，四處兜售著胡說八道的祕訣。這世界上沒有什麼祕訣能讓你每場交易屢戰屢勝，也沒有這種高手。拜託！清醒一點吧！沒有人可以完美預測行情的走勢。

等各位放棄這種幻想，不再尋找根本不存在的祕訣，你就會發現，獲利的祕訣原來就近在咫尺，真的很諷刺吧。

我會透過本書，告訴各位如何長期獲利的祕訣，等你了解過後，會發現它並不複雜。**這個「祕訣」，就是順勢而為。**這樣就能賺到錢？不

是的。這個方法不一定能夠在短期內獲利，實際進行趨勢交易的時候，你可能會在橫盤的市場上，遇到好幾次的逆循環。

重點是，你能否為了長期的勝利，忍受短期內的虧損。**就像撲克牌高手所說的：「能否賠小賺大」與「能否保留資金等到大局來臨」，會決定你能否成為股票市場上的勝利者。**

趨勢交易如果失敗，原因大致上有兩個：
① 不遵守原則。
② 持續在沒有大趨勢出現，且長期停滯的市場上不斷交易。

為了避免狀況②發生，我建議各位，比起努力挑選特定的個股，不如直接交易指數本身。因為個股的趨勢，不僅出現頻率不穩定，股票波動也較大。然而指數會定期出現趨勢，這是歷史已經驗證過的事實。

交易指數期貨是指數交易法當中的其中一種方式，但對於期貨的槓桿感到負擔的交易人，也可以選擇交易像 KODEX 200 這類的 ETF，雖然少了賣空的選擇，卻也是一種替代方案。

不要努力去判斷哪一檔個股會行情大爆發，都只是徒勞無功罷了。
即使你可以從市場的波動中獲利，但絕對無法長期戰勝市場，這是經過科學方法論證過的事實，也是學習過傳統投資理論的投資人都知道的事實！

先選好你想交易的市場和股票，然後再針對進場和出場，定義出具體的原則吧。接著利用過去的股票線圖，來模擬驗證你的原則，只有在成果可靠的情況下，才可以應用在實戰上。

當你把交易原則實際應用在市場上的時候，要記得定期記錄自己的

績效。然後再以這些客觀的績效為基礎,修正你的交易策略,或者繼續堅持。

在成功獲利之前,要養成利用數據和統計進行機率思考的習慣。一位優秀的操盤手,在場內時是一臺機器;在檢討策略與績效時是一位科學家;在建立新的投資策略時是一位充滿創意的藝術家。

總而言之,我希望各位從今天開始,立刻放棄為了獲得祕訣,四處尋找民間高手的行為,開始學習利用科學的方式來思考。

> **❶ Power Message**
> 這世界上沒有能讓你永遠獲利的祕訣。放下對祕訣的幻想,長期堅持建立在市場原理之上且現實可行的策略,才能夠慢慢累積收益。如果你說這是祕訣,那它就是祕訣。

成為好策略的條件
越簡單越好

優秀的操盤手會在開盤之前,先決定好大致的投資策略;在開盤的時候,只專注在機械式的執行策略。而支撐這種策略的基礎,正是所謂的「分析策略」。

各位肯定會有一個疑問——「所以什麼才是好策略呢?」可惜的是,這個問題沒有確切的答案,但如果可以的話,策略越簡單越好。俗話說「出頭橡兒先朽爛」,過於細節和具體的策略,很快就會破功。

我來說一則有趣的故事吧。

某天,一位投資技巧已出神入化的超級股票高手「股神9999」,發現了下述這個交易策略。

當3日線向上碰到5日線的那瞬間,假如日K漲了3%以上,就一定要買進。

假設,這個投資策略讓股神9999賺進了9999億韓元。然後,這個方法現在已經出版成冊,在所有散戶裡都傳遍了。股神9999成了散戶之神,他登上MBS-TV的節目《散戶們的金錢之爭》,鉅細靡遺地講述了他的投資策略。全國上下所有散戶都流著淚、收看他的節目,渴望自己也能成為跟股神9999一樣的人,因而開始執行線圖分析。

隔天股市開盤的時候，出現了一檔在 3 日線向上碰到 5 日線，同時間日 K 上漲了 3% 以上的飆股。就在此時，舉國上下的 500 萬名散戶同時委買這檔股票。

哇嗚～行情大爆發，股價只花了 1.5 秒就漲停了。當然，只有最快點擊買進鍵的散戶才能吃到這波行情；其他的散戶們則是咬著手指頭，氣憤地想著：「媽的……股神 9999 說的果然是對的！早知道就早點進場！」股神 9999 因此變得更有名氣了。

也就是說，當 3 日線碰到 5 日線、並且向上走的那瞬間，假如日 K 飆漲 3% 以上，散戶們就會前仆後繼。ㄎㄎㄎㄎ，很好、很棒。如果我先買進一定數量的持股，接著再創造相同的股價走勢，散戶們不就會蜂擁而至嗎！

這個時候，股神 9999 的暴漲模式，對某些人來說，就成了釣魚的魚餌。到此為止，都是我編的故事。

這種虛構的故事，實際上發生的可能性幾乎為零。**但我想說的是，策略越是詳細和具體，就越是行不通。**

市場有一件事從來不變，就是它永遠都會創造趨勢。但是我們沒有任何具體的祕訣，可以預測趨勢什麼時候開始。如果真的有這種方式，大家早就都賺飽飽了吧！

所以說，成功的操盤手不會把自己的交易策略，過度細節或具體化。當均線呈現多頭排列，就是多頭；不會去想說「等線圖出現麻花般的走勢、交易量上升 50% 的時候，是多頭排列開始發生的初期現象」。

市場既不是機器，也不是電腦，市場是由熙攘的人們所組成的，所

以它並不是數位訊號,而是類比訊號,而且經常發生錯誤,還不太受控,是個麻煩又頑固的傢伙。

面對這種傢伙,制定具體又詳細的投資策略,跟制定模糊又廣泛的投資策略,兩者之間會有多少差異呢?

更具體的資訊、更仔細的分析,這些都只能提高我們判斷事情的準確度,但交易就只是「要」或「不要」的二進制函數題。

所以說,決定我們要或不要的原因越多,我們的大腦要做的計算也就越多,如果資訊之間相互衝突,大腦就會過熱,冒出冉冉白煙,接著發生錯誤,做出錯誤的行為,讓所有的財產眨眼之間不翼而飛。這才真的是瘋子的行徑。

我們應該精雕細琢的,不是股票分析的技法,而是交易策略。

交易策略必須非常具體。為什麼?因為這樣你才不會為自己找藉口,合理化自己的行為,也才可以落實停損或是保障獲利。換句話說就是,投資人想要冷靜地應對市場,具體的策略不可或缺;然而,重點並不在於「股價突破 20 日線進場的策略,是否比突破 15 日線或 22.5 日線時進場的策略更好或更差」,這種事情毫無意義可言。

我們應該像雨天從模糊的窗戶望向窗外一樣,用這種方式看待市場。與其過分專注在細節上,**不如關注大波動的趨勢,以及股價的走向!應該對小型波動引起的虧損或停損,保持寬容的態度。寬容!**這點虧損,只要可以吃一波大的,就能夠賺回這段時間所賠的了。

以下是我的經驗談。

我曾經連續一個禮拜,每天都在停損。那是我至今為止最長的連續虧損天數,所以我至今記憶猶新。再資深的操盤手,也沒有人會在看到虧損時開心。因為停損太多股票,虧損金額超過 2000 萬韓元,我在師弟

們面前雖然從容不迫地笑著，但腦袋瓜已經開始冒煙了。

我為什麼會停損這麼多股票？因為市場在箱型整理的時候，持續出現逆循環。簡單來說就是，市場在跟我說：「你之前賺夠本了，吃點苦頭吧你！」沒什麼其他特別的理由，所以我也就吃了很多鱉。

但是我並沒有放棄趨勢交易，隔一週市場又出現了即將突破箱型盤整的徵兆，我不管死活地撲了上去，心裡想的是：「我就看看最後是你贏還是我贏！」但這一次真的突破了，行情大爆發。我一直乘勝追擊，直到頭肩型態出現才首度平倉。不過，市場並沒有崩跌，反而再度突破新的壓力線，所以我又再次上車，持有了幾天，吃飽喝足後才出場。

最諷刺的是⋯⋯當年的這場交易，是我記得的交易中，獲利最高的其中一場交易。它是我記憶裡連續虧損天數最長，但後來帶給我最多獲利的交易之一⋯⋯很有趣吧？

所以我絕對相信趨勢交易的哲學。趨勢早晚會出現在市場上，只要不錯過趨勢就能獲利，我說真的！如果無法承受小額虧損，就不能大舉獲利。為了大撈一筆，我們必須得要勇敢跳進趨勢發生的可能性裡。

這世界不存在「絕對會暴漲的訊號」。只要有一點點可能性，就要在做好風險管理的同時，勇敢闖進去，如果市場真的出現你意料中的趨勢，就必須做好移動停利，千萬不可以只吃一點，就覺得自己吃飽了，選擇下車。市場瘋掉的話，你也要跟著一起發瘋，懂嗎？

我這樣會不會說得有點太簡化了⋯⋯不過你們應該了解重點是什麼吧？我的意思是，不要把交易的手法搞得太複雜，交易無疑需要大量的訓練與經驗⋯⋯但它並沒有真的非常複雜。真理往往存在於純粹之中。

❶ Power Message

具體建立交易策略,並加以執行,不可以留後路,讓自己找出各種解釋或藉口。盡可能養成習慣,建立一個可以因應各種情況的交易策略。

> 成為市場贏家的祕訣
活得夠久，才能享受紅利

Paxnet 上很多人會私訊我，有些人會寫得很複雜，但說穿了還是同一個問題：「到底要怎麼樣才能賺到錢？」

不論哪個時代，市場上都會有這樣的領導者，他們哄騙散戶，只要跟著他一起操作就能賺錢，至今依然沒有改變。這些人總是默默地被遺忘在歷史裡的某個胡同中，然後市場上再度出現新的領導者，繼續敲詐著散戶。

各位散戶們⋯⋯。

請冷靜下來再思考一下吧。我只是個凡夫俗子，希望各位不要對我有過多的期待，我不過是一名在衍生商品的賭局上，撿過十年剩飯的前輩，只希望可以給後輩們一些建議。我依舊會在市場上嘗到許多苦頭⋯⋯但至少我找到了養活自己的方式⋯⋯我也是吃了很多苦才走到了今天⋯⋯各位散戶的故事，我以前也都經歷過，所以特別有感觸罷了。

好了！所以賺錢的方法是什麼？

沒有這種方法。我敢打包票，這世上打從一開始就不存在什麼「輕鬆賺大錢」的具體方式，至今沒有，未來也不會有。

「他X的⋯⋯所以⋯⋯我們賺不了錢嗎？」不是的，如果賺不到錢，我幹嘛寫文章寫到手痛！我的意思是，我們可以賺到錢，但沒有一個具體的方式能一勞永逸，各位能理解嗎？

市場改變的時候，我們也要跟著改變。所以說，時時刻刻觀察著市場的人，是最了解市場的人；最了解市場的人，就是賺最多錢的人。來舉個例子吧！

　　有一陣子，非常流行在大型績優股過度崩跌時進行短打，當股價在 20 日線上反彈的時候，吃一波再出場；還有人把這個方法系統化後出版成冊。這個方法被稱為包絡線 envelope 策略，大家應該都聽過吧。這個策略在散戶之間流傳開來，但沒過多久，2008 年 10 月市場崩跌。借用 CBNC.com 的說法，我真的經歷了一場永生難忘的「經濟自由落體」Financial Freefall。當時只操作現貨的散戶，日子真的是他 X 的難過吧？

　　以前流行過的「追高」和「抄底」，如今已經變成新手們都會嘗試的手法了，所以這方法的實用性就會大幅度⋯⋯極大幅度地下降。

　　市場是一個生命體，當我們在觀察市場時，經常會忘記一件事——我們所觀察的市場，也包括著我們自己。所以說，當我們把這個名為 Market 的傢伙抓過來釘在木板上，用放大鏡仔細觀察⋯⋯結果，我們卻從放大鏡裡，看見了「拿著放大鏡觀察 Market 的自己」！怎麼會有這種事！ㄎㄎㄎ。

　　影響市場的變數裡，雖然微不足道，但我們也包含其中。當你在努力提升自己的實力，慢慢開始改變的時候，其他人也在做著同樣的事情。市場裡集結了一堆這樣的傢伙，所以當今的市場絕對和過去不同。當然，歷史總是反覆上演，人類再度犯下相同的錯誤，再度跌個狗吃 X，然後再重新反省⋯⋯然後又再度吃 X，這個過程周而復始。在這種情況下，要判斷什麼事件會反覆發生，什麼是單一事件，其實並不容易。這件事，只有經驗能告訴你。

　　若從歷史的角度看待市場⋯⋯而且是從非常悠久的歷史來看，那麼

● 暴漲 15 倍的 SK Telecom 週 K 線圖 ●

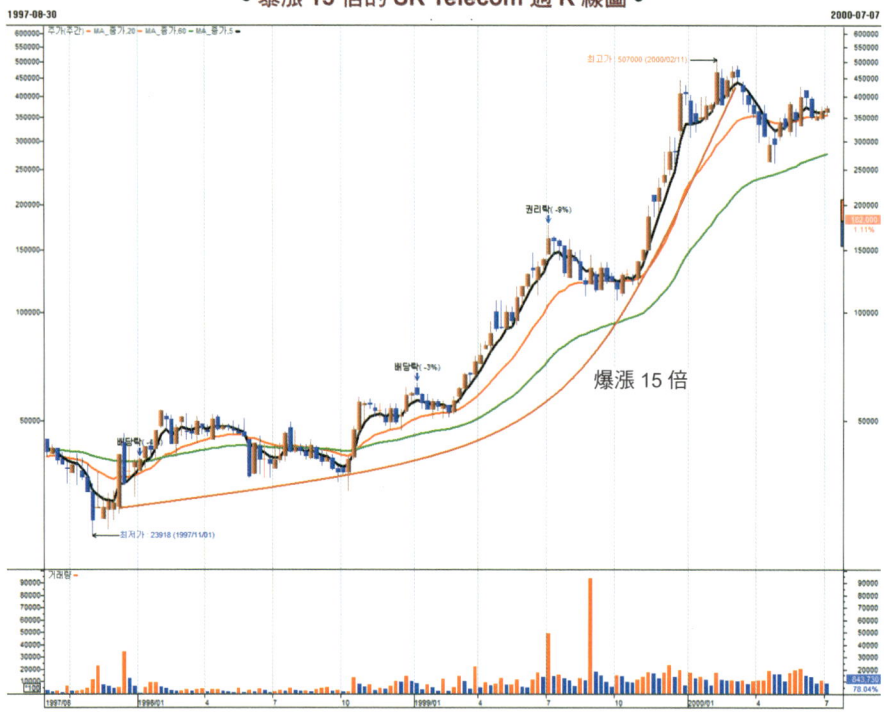

爆漲 15 倍

＊本書線圖 Y 軸的價格會以半對數的方式標記。

● 暴漲 10 倍的 KT 週 K 線圖 ●

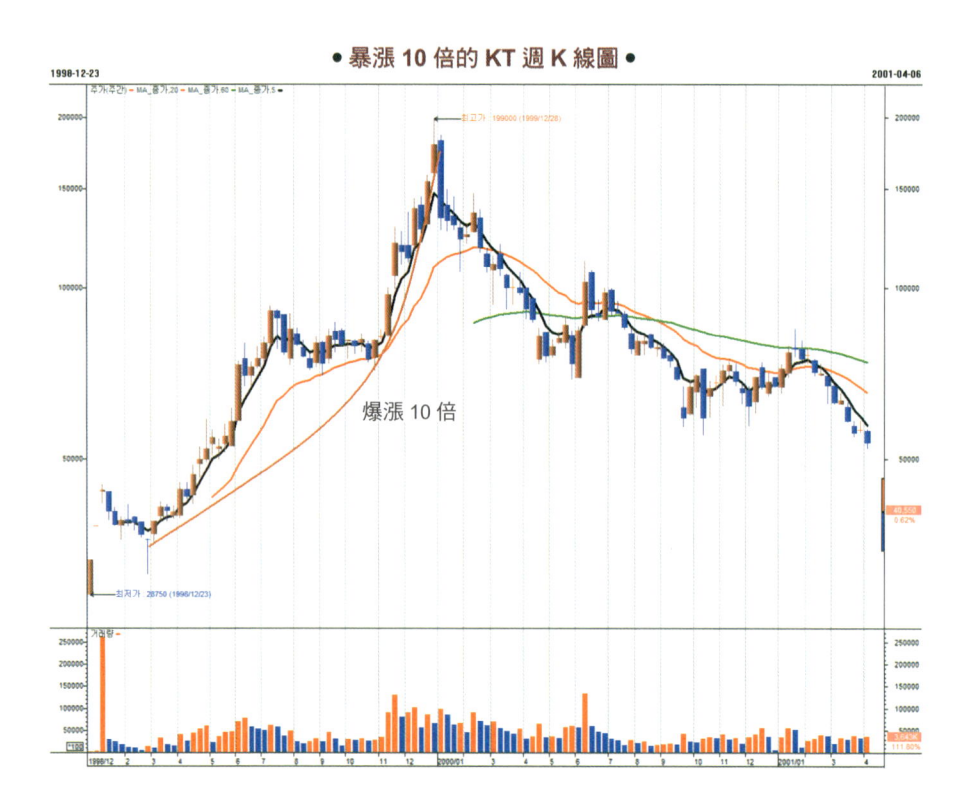

爆漲 10 倍

● 暴漲 30 倍的 LG Dacom 週 K 線圖 ●

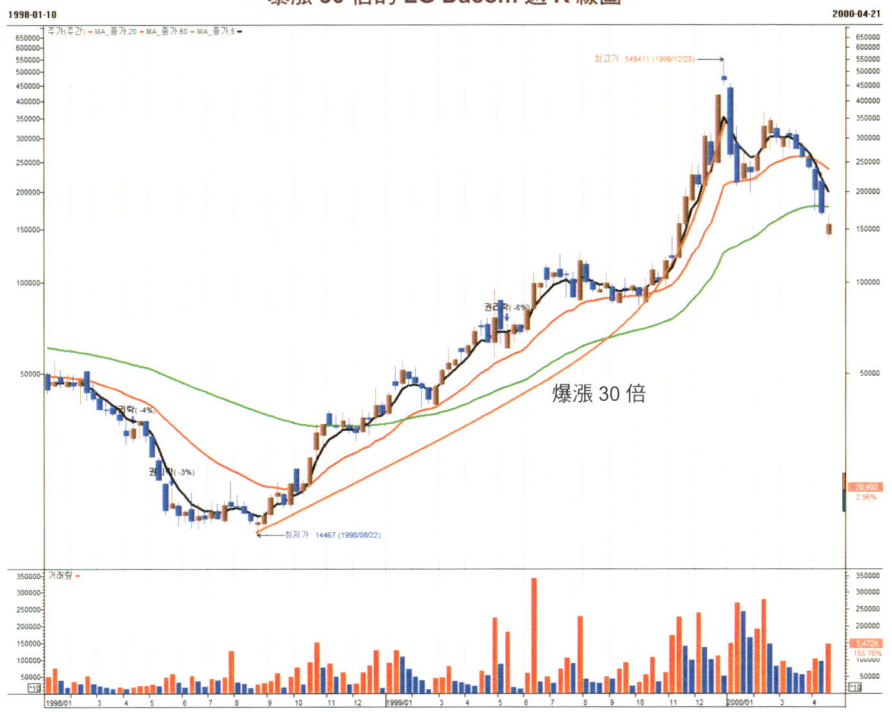

爆漲 30 倍

● 10 年來呈現長期上漲的那斯達克月 K 線圖 ●

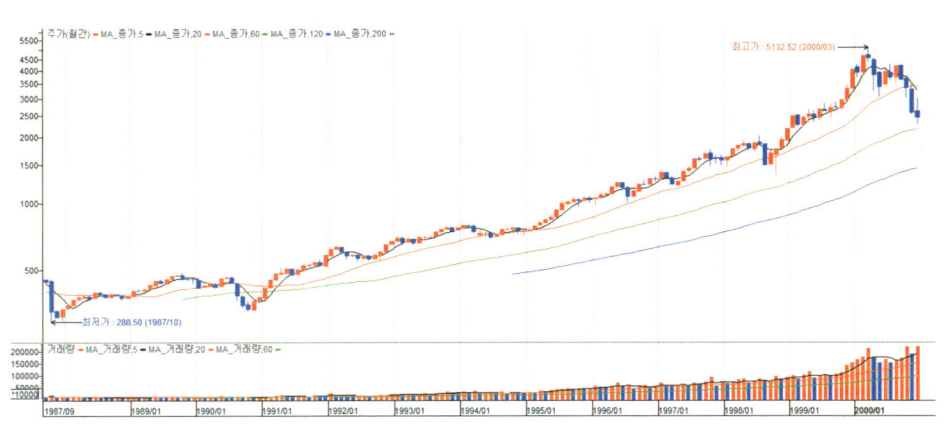

跟著市場走 · 051

只有一個過程在反覆不斷地上演,那就是泡沫的誕生與崩潰。一個泡泡消失,另一個泡泡就會誕生,然後再度消滅,跟人的一生一模一樣對吧?市場會週期性製造出泡沫,然後再消滅泡沫⋯⋯和我們的人生沒有兩樣,這就是市場的真理。

趨勢交易就是參與行情的泡沫。可惜的是,我們不知道泡沫什麼時候會出現⋯⋯但是,只要不被市場淘汰,在市場上生存下來,而且抱持著「再短暫的趨勢,也不會跟市場反著來」的態度,堅持順勢而為,總有一天可以參與到一顆巨大的泡沫。登登!就是這瞬間,成功的操盤手會一路吃到底;等到泡沫崩潰的時候,這位散戶早已賺到一大筆足以讓他身分地位上升的鉅款了。羨慕嗎?可別光忙著羨慕啊。

我們來看歷史上的幾個例子吧。

前兩頁是 SK Telecom、KT 和 LG Dacom 的線圖,當年 IMF 事件造成股市崩盤後,因流動性釋放加上投資情緒好轉,股價開始從低檔暴漲。

所謂的趨勢交易,就是要有一旦咬著這種股票,就絕不鬆口的鬥牛犬精神。僅此而已,沒什麼特別之處,就是一起堅持到最後。但想做到這件事,必須非常有膽量,而且基本上必須要有歷史知識,才得以知道這波趨勢有多強;如果沒有這種知識,就會很危險。

同一時期,出現泡沫行情的不只有韓國股市,紐約股市早就出現泡沫化的爭議。就連時任聯準會主席艾倫・葛林斯潘 Alan Greenspan 都發出警告,表示市場目前處於「非理性繁榮」Irrational Exuberance。即便如此,美國股市還是突破了 6000 點大關,於 1997 年來到了 7000 點,並於 1998 年慢慢攻上 9000 點。哇!真的很猛。最終,道瓊指數在 1999 年 3 月 16 日突破了 1 萬點。

如果你以為這樣就算漲很多的話,那你真的還不知道什麼叫真正的「漲很多」。**1990 年代道瓊指數上漲了 250% 左右,那斯達克指數上漲**

了 **1000%**。新經濟理論的普及，帶動了資訊科技、生物、通信股，使其勢如破竹般地上漲。

請注意，從 P.51 下半頁這張那斯達克 10 年長期上漲的線圖，可以看到指數從未跌破 20 個月均線，展現出強大的韌性。各位應該都感覺到什麼了吧？那斯達克狂潮擴散全球，帶動全球股市同步暴漲，也在韓國形成了大量的 IT 泡沫。

市場對於資訊革命和新千禧年的期待，驅使 TMT^(Tech, Media, Telecom) 股形成了強勢的題材，股價一飛沖天。有趣的是，當新經濟股翱向天際的時候，屬於傳統產業的浦項、現代汽車、國民銀行（現為 KB 金融）等舊經濟類股卻相對被冷落，漲幅僅有四到五倍。

在這種股價分化的行情下，KOSDAQ 的小型股瘋狂飆漲，以 1998 年低點約 600 點作為基準，在 2000 年上漲到 2925 點，飆升了整整五倍。

KOSDAQ 之所以能一飛沖天，有一部分歸功於 IMF 過後的時代氛圍。當時韓國政府為了改變當年招致 IMF 事件發生的財閥主導式經濟結構，正積極嘗試扶植新創公司。那時候政府大幅放寬創投公司掛牌上市的條件，只要公司成功上市，大股東就能發大財。大家應該還記得，當年有個說法是：「一覺醒來就漲停了。」

聊到網際網路泡沫，不得不提一下當年的明星股。各位還記得 Saerom Technology 嗎？現在已經改名叫 Solborn 了。不用多說，各位直接欣賞下頁這張線圖就可以了。

在最悲觀的情況下，美國的那斯達克狂熱、韓國的政策走向，以及突破 10 兆韓元的保證金，還有增加超過 40 兆韓元以上的股票型基金餘額，流動性膨脹使股市「碰！」地一聲，爆炸了。

我們都在引頸翹望著這種泡沫出現，不是嗎？

但是，就算不是這種持續幾年的超級泡沫，市場依然具備分形^(fractal)

跟著市場走・**053**

● 整整上漲了 100 倍以上的 Solborn 週 K 線圖 ●

爆漲 100 倍

的特質。具體來說就是，在超級泡沫裡，存在著規模較小的泡沫，在這些小泡沫裡，還有比它更小的泡沫。如果可以善用槓桿，把握這些小泡沫，也能獲得鉅額的財富，而且這種機會比我們想像中更常出現。這正是短線操盤手的擅長之處。

　　說到這裡……如果你問我，該要用哪種技術指標，來確認什麼時候可以進場，我真的無話可說。我雖然可以告訴你我現在經常使用的方法……但是一個禮拜後，我也許已經屏棄這個方式並改採其他方法了。你必須先理解這篇文章的重點，才能理解接下來的文章，希望各位好好打起精神。

> **❶ Power Message**
>
> 雖然力道不大,但我們也是帶動市場波動的因素之一。所以說,市場的歷史無法完全以相同的方式反覆上演,這世上也不存在所謂百分之百能成功的投資策略。然市場的歷史確實會反覆重演,而它們正是泡沫的誕生與崩潰。為了參與這種泡沫,我們必須長期生存下來,這才是成為市場勝利者的祕訣。

股票和愛情的共通點
無法隨心所欲

市場並不在乎誰持有股票，不管是誰持有，只要股價上漲，持股人就會賺錢，下跌則會賠錢，僅此而已。換言之，只有市場運作，資金才會流動，但我們沒辦法干涉市場的走勢，在市場面前，我們完全無能為力。

打個比方，操盤手就像一艘小帆船，我們無法隨心所欲地移動，只能順其自然、隨波逐流。然而愚蠢的人們，認為自己可以預測短期水流的走勢，甚至大放厥詞，說自己可以改變水流。對於大海上的一艘小帆船而言，這種野心未免也太大了吧。

退一步觀察市場，我們會發現市場也有潮流，就好比海洋有漲退潮，也有波濤洶湧和風平浪靜的時候。潮流會長時間持續朝著同一個方向流動，趨勢交易就是一種順著潮流操作的方法。

趨勢交易顧名思義，是「追蹤」趨勢而不是「創造」趨勢。趨勢交易不是認真划槳、創造潮流的行為；而是要了解潮流，設置好船舵，靜靜等待，直到潮流改變為止。

游過泳的人就知道，初學者犯下最大的錯誤，就是「使盡全力想浮在水面上」。其實只要放鬆不動，身體就會自然浮起。我們之所以能浮在水面上，並不是因為我們身體強健，而是來自於浮力的特性。但是初學者卻誤以為，身體之所以能浮在水面上，是因為自己努力掙扎；就算

身處瀑布之下，散戶們還是會想盡辦法要逆流而上。

趨勢交易在買進股票之後，當然不會對其置之不理。不過，出色的游泳選手，會盡可能避免不必要的動作，利用水的特性，把重點放在如何用最快的速度前進。採用流線型姿勢，讓水的阻力降到最低，也是游泳選手最重視的事情之一。趨勢交易人也一樣，要盡可能減少不必要的買賣，利用市場的波動獲利，同時要把市場的阻力降到最低。

換句話說，如果市場沒有波動，我們就無法獲利；即便市場出現波動，可如果硬是逆向而為，就會賠掉手上的資金。但是，不管是哪一種情況，我們的獲利永遠都無法超過市場波動的範圍。所以拚命想在短期內獲得超越市場的報酬率，只會徒勞無功。在一個完整的市場循環中，長期持有的投資人，選擇持有不動，但是趨勢交易人卻會適時調整方向，就是這麼簡單的行為，卻可以讓結果全然不同。

在偌大的市場浪潮中，把目標放在從一小段區間內坐實獲利，不要與市場唱反調，長期下來便能成為勝利者。或許有人會問說：「所以我們該如何把握市場的大趨勢呢？」面對這種問題，各位應該會以為我無話可說了吧？其實從長期線圖看來，把握趨勢並沒有想像中困難，難的是要順著趨勢做交易。

我們來了解一下，趨勢究竟是什麼，又起源於哪裡吧。

我決定用一個看似不著邊際但卻很有趣的問題，來回答這一題。選一個像我一樣、會在 Paxnet 網路討論區上定期發文的帳號，觀察他們發文的時間，會有什麼特徵呢？觀察 Beauty53 以前寫的文章，你會從發文時間的間隔、文章長度的週期變化中，發現某些模式。當你對著股票線圖進行這種分析時，就叫做「技術分析」。但是，假設我在討論區上，看到某個人發文寫：「Beauty53 的文章會有這樣、那樣的模式，所以他明天十點半的時候，就會上來發文！」我可能就會產生反抗心態，乾脆不發文了。

實際上，根本沒有任何祕技可以準確預測我的寫作週期，不是嗎？每當市場主力們釋放出大量籌碼時，股價就會大幅上漲或下跌。但是我們沒有任何方法可準確預測他們會以多長的週期操作，每次又會釋放多少籌碼。

就好比，我唯一能說的就是，Beauty53 傾向在某個時間集中發文；我們也只能說，主力傾向在某個時期集中朝著某個方向大量交易，而這就是所謂的趨勢。

假設現在有個下注遊戲，只要 Beauty53 當天有寫文章，你就能賺到 100 元，不寫的話就會賠掉 100 元。如今有很多散戶玩遊戲的方式是，分析過去 Beauty53 的寫作模式，預測他會在哪一天、哪一個時間點寫文章，企圖下注。這真的是愚蠢至極的方式。

但有些聰明人，他們的思維是：「Beauty53 寫作有個慣性，一旦他開始寫作，通常會以不規則的週期繼續寫下去。比起去預測 Beauty53 什麼時候開始寫作，不如等他先開始寫幾篇之後，再賭他會繼續寫下去。當然，如果他不寫，我還是會賠，不過整體放長遠來看，終究能賺到錢的。」然而，玩這種遊戲最大的阻礙是什麼呢？可能就是會有我在忙而兩三天寫不了文章、導致他們虧損的時候吧。這種時候，隨波逐流的人就會開始說：「Beauty53 已經離開討論區了。」然後開始反向操作。啊！大眾真的是缺乏耐心。

很多高手會用「心法」來形容交易，原因在於，市場原理其實並不複雜，但是要執行這樣策略卻不容易。

為什麼不容易？因為意志不夠堅定，無法承擔短期的虧損。說實在的，不管是誰，要保持意志堅定都不容易，因為在面對短期虧損時，還要堅持一開始的原則和初心，是很困難的一件事；人們會因為無法長遠思考，被短期的獲利和虧損所動搖。我沒說錯吧？

你以為投資策略越複雜、懂得東西越多,就能賺越多錢嗎?知識與投資績效並不會全然成正比,當然懂得多沒有壞處,不過在知識昇華成智慧之前,往往對投資沒什麼幫助。

不要想著看清市場,市場看上去模糊不清很正常。所以不要太過努力在線圖上列出一百種投資指標,市場不是一個這麼複雜的傢伙,它就只是有點變化無常而已。

我的人生經驗告訴我,有些事情努力有用,有些沒用。努力就有用的是考試的成績,只要腦袋裡塞的知識越多,成績就越高,所以努力就行了。但是愛情和股票,就算努力也沒有用,應該沒人會反駁這個說法吧?

你問我:「這兩個領域本質上有什麼差異?」本質的差異在於可控性。想控制住自己無法控制的東西,也只能乾著急罷了。

處理不可控事物的方式,就是把焦點轉移到自己身上。如果對方不按照我喜歡的方式做事,就跟他分手吧。如果對方不按照我期望的方式行動,就把關係切斷;只有他符合我們的期望時,關係才會持續。判斷標準在於我,不能讓對方左右自己。

當你認為市場看來清新明朗時,大概就是最危險的瞬間。不要太努力地想去掌握市場,市場本就是在放養中自然茁壯。

> **❶ Power Message**
>
> 想在市場上獲利,就必須參與行情的趨勢,但是我們並不能控制行情走勢,所以沒必要努力列出一堆輔助指標,或一天到頭研究著股票線圖,無論你怎麼做,市場都不可能變得明朗。忍受不確定性,押注於趨勢完整循環的方向很重要。

未來可以預測嗎
能百分百準確的行情走勢訊號？

交易一途，大致會鎖定三種目標，是哪三種呢？

◆ 趨勢 Trend

◆ 高點與低點 Tops and Bottoms

◆ 市場波動 Volatility

這其中，堪稱女王級交易之道的，就是趨勢追蹤。

事實上，有許多專注於技術分析的交易人也都在進行趨勢追蹤，你甚至可以說「技術分析＝趨勢追蹤」也不為過。然而，當可以提前預知趨勢的線索，在市場上廣為人知的瞬間，這個訊號的價值就會消失。所以說，不管你再怎麼翻遍市面上那些商人所寫的書籍，努力嘗試各種新策略，全都是白費工夫。哎呦，嗚呼痛哉啊！

各位不應該：

◆去書店裡拜讀一本其他散戶也都讀過的書，然後跟著裡面的交易策略進行投資。

◆花錢加入騙子行情專家的網站，或者是按照他們的行情分析去做交易。

當各位做出其中一種行為時，那就等同於你在大喊：

「我是隻肥羊，快來宰我吧！」

你想當一頭肥羊嗎？不會吧？為了避免這種情況，各位應該要能做到，在不過度依賴行情預測的情況下，進行趨勢交易。「試誤法」trial and error 就是這個問題的解答，也就是說，當你認為趨勢即將發生時就進場，如果發現苗頭不對，就迅速退場。

用這種方法絕對不會被宰。當主力想抓這些傢伙來宰的時候，他們就會像泥鰍一樣，從主力的手中溜走。我敢說（就算被罵），那些散戶高手都是這樣滑不嘰溜的傢伙。

當你開始使用「試誤法」，一切就會變得很單純，不需要再執著於什麼訊號出現時要買進或賣出。**看到行情抬頭，似乎要走揚就進場；看到行情低頭，似乎要跳水就出場，沒有其他原因。**真的很簡單吧～

現在，我們需要精密化的不是分析技法，而是交易策略。因為我們採用試誤法，所以要找出方法，最大程度降低錯誤發生時造成的虧損。

此時，就是心態和資金管理派上用場的時候。若是過度交易，一次的錯誤就可能造成致命性虧損，所以各位一定要學習如何管理資金。還有，該停損時卻無法停損的試誤，本身就是一種錯誤，等於沒救了。

就算採用試誤法，也必須要有進場訊號，所以我個人建議，可以利用傳統的訊號。為什麼？因為就算新種類的訊號出現，往往也馬上就會無效……。

傳統的訊號，大多都通過了時間的考驗，雖然每年都會出現很多新的分析手法，但是記載在教科書上的，都是在這當中存活下來的方法。

我們再認真思考一下吧，這些東西是怎麼存活下來的？

簡單來說，就是它們忠於市場原理 Market principle。舉例來說，一輛靜止的車想加速到時速 100 公里，那他必定會先達到時速 50 公里；不管再怎麼亂搞，想讓時速提升到 100 公里，就必須有一瞬間先達到時速 50

公里。

同理可知,行情爆發之前,一定也有必定會出現的模式。例如,所有的行情暴漲,在時間流逝的過程中,均線必定會經歷回到多頭排列的過程。所以說,均線轉為多頭排列,才會迄今為止都被當作是有用的進場訊號。

不過,各位一定要注意下面這點的差異!

行情暴漲時肯定會經歷空頭轉多頭排列的情況。(○)(P→Q為真)
經歷空頭轉多頭排列代表行情會暴漲。(×)(Q→P不一定為真)

當某個命題為真,並不代表反過來也是真……希望各位一定要銘記在心。請不要忘記,技術分析裡所說的所有模式,都是事後回顧才顯得完美吻合。

我們都是「預期」這種模式可能會帶來漲幅或跌幅,所以進場;並不是「知道」未來的走勢如何才選擇進場。我再複述一次,技術交易者是對行情懷抱著「某種期待」而進場的,並不是因為「知道」了未來走勢才進場的,請務必銘記這點。只有神才知道未來會如何發展,技術交易者必須非常熟悉機率的計算。

> **① Power Message**
>
> 基本上,趨勢交易也可說是一種試誤法 trial and error。當你認為趨勢即將發生時就先進場,發現苗頭不對就先出場,再繼續等待下一次機會。沒有任何訊號可以全然準確地預測行情的發生與否,不如乾脆使用符合市場原理的傳統訊號來進行交易吧。

散戶成為高手的捷徑
打造屬於自己的好球帶

交易在某個層面上跟打棒球很像。如果你在球沒有飛進好球帶的時候揮棒，肯定是自取滅亡。就算你在好球帶裡揮棒，會打出滾地球還是高飛球也是未知數。如果某位選手連好球帶以外的球都想追打，那他的下場會是如何？搞不好他得離開棒球界也說不定。

再來回顧一次我始終反覆強調的事情吧。

第一點，所有的獲利都是市場給的。如果市場表現不佳，就必須等待。市場不打算給你錢，你卻跑來恣意妄為，結果會怎樣？嗯？

第二點，該吃的吃飽就好。如果分不清楚什麼能吃、什麼不能吃，就跑進來橫衝直撞，最後往往會因自己的貪婪而自食惡果。

不要太貪心，請打造一個屬於你自己的好球帶吧。不管你是以價值投資為標準，還是以線圖上某種特定的模式為基準，重點是要決定好自己要吃什麼東西。投資界的大家長巴菲特，在科技股泡沫化的時候，依然認為那不是自己的地盤，連瞧都不瞧一眼。因為那不是他熟悉的泡沫，所以他不打算碰。看到這裡，聰明的散戶應該都已經領悟一個投資祕辛了吧⋯⋯我內心是這麼期待的（如果領悟不了，那我也沒辦法了）。

當然，對我個人來說，我把強勁的趨勢當成是我的好球帶，也相信這是最好的打點，但我並不認為這是唯一不二的好球帶。為什麼？股票市場的生態系裡並不只有老虎，還有野豹、兔子和烏龜。我是獵虎人，

並不代表獵兔人就是錯的。我靠著賣虎皮賺錢，獵兔人也可以靠著開寵物店賣兔子賺錢，有什麼問題嗎？

但是⋯⋯我想建議大多數的散戶採用趨勢交易法，因為我認為這是最安全的方式。如果你堅持要使用別的方法，我也不會阻止你。只不過，請不要拿著球棒亂揮，只要打擊自己最擅長的球路就好了。（後續我在文章裡，很可能會不斷強調投資的某些核心概念，可能會說到各位耳朵長繭，幾乎達到洗腦的程度。雖然很煩人，但還請各位見諒。）

接著我們來聊聊乖離率吧。

如果你已經在股市上打滾過一段時間，應該聽過這句股市金句吧？

「股價終究會回歸原點！」

噢，這句話真的很經典。這裡的「原點」可以有很多種意思，對價值投資人來說，原點是企業價值，但對操盤手來說卻不一樣。身為一位操盤手，我認為股價的原點是「20日線」（也可以是40日線）。

重點是：股價不可能永遠脫離市場的平均價值。一定會出現下列兩種情況的其中一種。

① 股價回歸均線

② 均線追上股價

在韓國，我們把①稱為價格盤整，把②稱為期間盤整。這兩種盤整不一定會互相排斥，也可能會一起發生。所以不論如何，山頂有多高，山谷就有多深，反過來也是一樣！股價就是會反覆循環，回歸平均值。所以當股價距離均線過遠，我們就必須預期價格盤整或期間盤整即將發生。知道了嗎？預期！

然而沒有一個確切的準則可以告訴我們，價格到達哪個程度時，股價才會回歸。如果真有這種準則，所有人都將知道什麼時候是轉捩點，

所以說，與其積極使用乖離率來創造收益，不如採更保守的方式來使用它。這是什麼意思呢？（注意聽好了！）當股價發生乖離的時候，我們沒必要反向操作（乖離率過大，本身就代表市場有強勁的趨勢！）但是我們必須避免在繼續往乖離的方向做多。我們應該在股價回檔，也就是乖離率縮減的情況下，朝著趨勢發展的方向押注，這才是安全的做法。

當然，話說起來很簡單，實際執行時卻會遇到不少難關。有人曾說：

「魔鬼藏在細節裡！」

這真的是一句名言。股票如果光聽理論，看起來確實很簡單，可實際操作的時候，卻會遇到很多意料之外的困難，而且最大的問題就是——這些困難的數量還非常龐大。媽的……這種時候，我就很想把所有股票專家都轟上天去。

布林通道交易法是非常著名的乖離率交易策略之一。當股價碰到通道上軌或下軌的時候，通常會預期股價將會回歸均價。但這個策略的矛盾之處在於，強勁的趨勢有時會沿著上軌或下軌跑。包絡線也是利用乖離率進行交易的策略。交易有兩種情況，一種是跟著趨勢跑，另一種是抓到轉捩點。交易策略有很多種，而初階的交易策略，終究離不開以上兩個範疇，而且散戶終究也只能使用初階的交易策略。

那麼，高階的交易策略有哪些呢？

其中最具代表性的一種就是套利交易 Arbitrage。以現貨和期貨的套利交易最常見，以前還流行過選擇權結合期貨的套利交易。近年來，還出現了全球股市之間的多空股票策略、同一產業類別中不同股票之間的多空股票策略……等等。這些都屬於套利交易的範圍。

1995 年導致英國霸菱銀行破產的尼克・李森 Nick Leeson，原本在新

加坡國際金融交易所裡，專門從事日經指數套利交易。長期資本管理公司也是利用債券進行套利交易的基金。套利交易理論上屬於無風險交易risk-free trade，因此受到很多金融專家青睞。但一般散戶既沒有這種發現套利機會的眼光，也無法負擔高額的保證金，所以千萬別想著要去做這種交易。

除此之外，還有一些可能利用特殊事件的交易，例如M&A、發行可轉換公司債，或是政治和經濟矛盾所引發的市場失衡，這些現象經常在市場上出現，然後又轉眼消失。反正，確實有一群高智商分子專門瞄準這些市場縫隙，但散戶們就別想了吧，反正散戶不是他們的對手。

不要把事情想得太複雜，成為初階交易策略的專家，才是散戶晉升高手的捷徑。

> **❶ Power Message**
> 建立好屬於自己的好球帶後，等球進來再揮棒吧。建議散戶們使用初階的好球帶，別想著要建立太複雜的好球帶。放下一切，去成為初階交易策略的專家吧。

把握強勁趨勢的方法
專注在行情與均線上吧

如果有人問我,市場提供的各種資訊裡,我覺得最可信的資訊是哪一個,我絕對會回答:「價格。」

價格會強勢上漲或走跌,肯定都有它的原因。但與其去弄清楚原因是什麼,還不如直接對價格做出反應。因為價格會最快反應出所有的資訊,如果投資人想在資訊戰上跟價格一較高下,肯定只能屢戰屢敗。

當市場強勢上漲時,如果一直想著要撿便宜,反而可能錯過進場的時間點。在這種情況下,請勇敢用市價買進吧。特別是裸買選擇權的時候,更需要參與強勁的漲勢。選擇權最能大舉獲利的瞬間,多半出現在這種情況下。

一般而言,由於時間價值的關係,選擇權在期貨指數橫盤時,權利金會減少,但偶爾會發生例外。舉例來說,當期貨指數經歷一波暴漲之後,會暫時進入橫盤稍作休息,可有的時候,選擇權價格的天花板卻在慢慢抬升,這種現象是因為,市場預期變動性會進一步擴大,導致隱含波動率迅速上漲。根據我的經驗,在這種過熱的局面下買進選擇權,有很高機率可以享受到額外的行情爆發。

還有一種被稱為伽瑪效應 gamma effect 的現象,簡單來說就是當期貨指數越來越接近選擇權的履約價時,伽瑪值會增加,價格上漲的幅度也會越來越大。這就是選擇權爆漲的前提。

交易期貨的時候也是一樣，有時候最強勁的行情，會出現在行情衝破布林通道上軌之後。最強勁的行情會進入隨機指標的買超區，而且維持好長一段時間，沒有回跌的打算，即使乖離率增加，行情也沒打算讓它縮小，反而進一步擴張。

所以說，我建議趨勢交易人不要太依賴震盪指標。震盪指標是用來幫助我們尋找趨勢發生期間的回調點 dips 和高點 tops，不是用來讓我們判斷現在的行情是否過熱或停滯。如果堅持要用震盪指標，我會建議乾脆把它當作是 POP 策略的一環。所謂的 POP 策略，是在震盪指標進入買超區間時買進；進入賣超區間時賣出。

如果不想錯過強勁的趨勢，與其關注輔助指標，不如專注在行情與

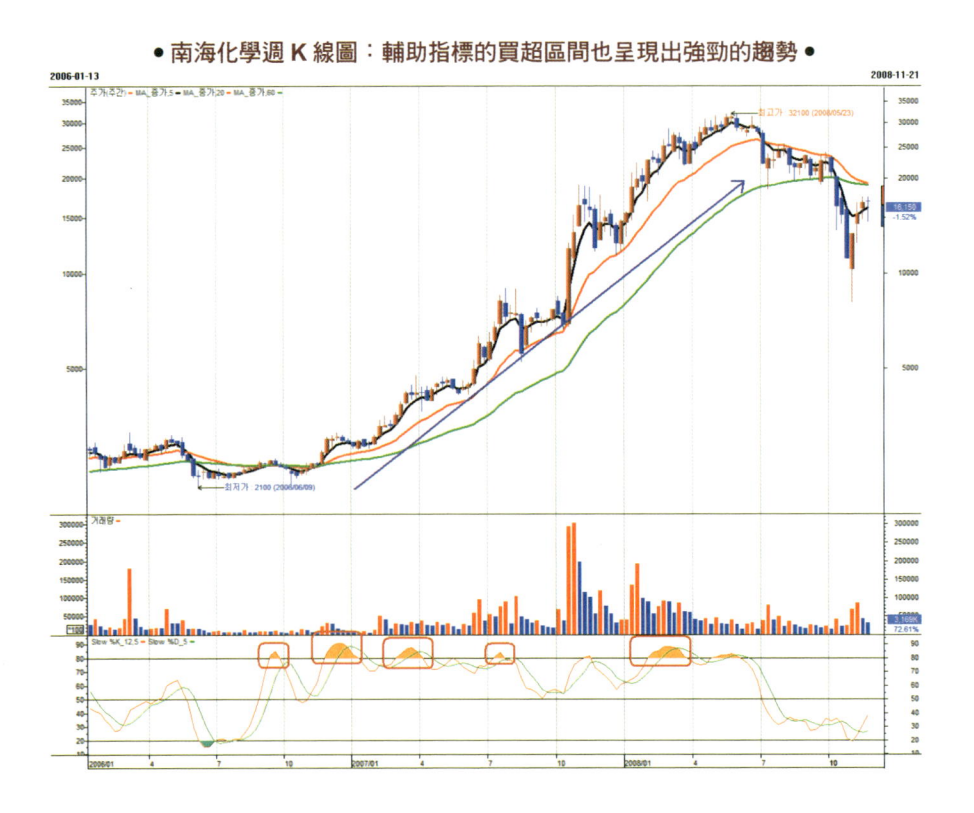

● 南海化學週 K 線圖：輔助指標的買超區間也呈現出強勁的趨勢 ●

均線上,反而更有幫助。強勢的行情通常會走在 5 日線之上,直到出現一定程度的盤整後,才會跌破 5 日線。

然而,絕不可以因此就預測行情已經結束,盤整的過程越急躁,越有可能只是一時的波動,這一點在高手之間是個公開的祕密。最可怕的反而是慢慢從高點開始下滑,不是那種大喊著:「我要跌了喔!」然後暴跌的情況(小型股例外)。

如果跌破 5 日線,就先確認股價在 20 日線上是否可以獲得支撐;如果跌破 20 日線,就把 60 日線當成最後的堡壘。

如果股價跌破 60 日線,就先觀察週 K 線圖上的股價,有無獲得 60 日線的支撐(也就是 300 日線),這種不輕易放棄趨勢的精神會創造出收益。趨勢並不像交易新手一樣反覆無常,雖然中間難免會有滑落的時候,但在一般情況下,當那些急於下車的人離開之後,股價就會再度開始攻頂。

> **❶ Power Message**
>
> 在趨勢發生的區間中,若照著買超(或賣超)訊號進行交易,一不注意就會引起反效果。當價格強勁反彈時,不要問原因,不妨果斷參與。為了把握趨勢,不要太仰賴輔助指標,應該要去判斷行情與均線上支撐的狀況。

股價動能與動能反轉
騎上馳騁股市的千里駒

我問各位一個問題吧，請各位深思熟慮後再回答。

股票 A 在半年至一年間，股價上漲了 50%，股票 B 上漲了 25%，投資哪一檔股票會更好呢？

研究結果指出，在統計上，投資股票 A 才是能達到超額收益的方式。這種**「強勢股能走得更遠」的理論，被稱為動能理論**（參 P.72 上圖）。那麼，我再出一題類似的問題，這次一定要答對喔，呵呵。

股票 A 在三到五年間，股價上漲了 50%，股票 B 的股價上漲了 25%，投資哪一檔股票會更好呢？

當然是股票 A 啊？因為他有動能！很可惜，你的答案錯了，正確答案是股票 B。

以三到五年的長週期來說，股票會反覆出現過度上漲 overshooting 和過度走跌 undershooting 的情況。換句話說，目前被市場冷落的股票，從長期來看反而有更大的成長空間，這種現象被稱為動能反轉 momentum reversal（參 P.72 下圖）。

所有人都知道，低本益比和低股價淨值比的股票，長期下來，可以達成超越市場的報酬率。我認為這種現象可以用動能反轉作為部分的解釋。也是基於這樣的原因，價值投資人長期持有被低估的股票，這種交易策略肯定有它的道理。但是，如果認為三到五年太長，那就跟著「強勢股能走得更遠」的理論走，從事趨勢交易，不是更好嗎……？這是我個人的淺見。

　　我並不太建議各位選擇個股投資，但如果各位一定要投資個股（投資時長大約半年到一年左右的話），與其不熟練地去投資被低估的冷門股，還不如關注近期表現強勢、股價正在上漲的股票。

> **❶ Power Message**
>
> 短期內，強勢股持續上漲的可能性更高，但是以長期來說，強勢股會轉弱；反而是被冷凍很久的股票會重新受到關注。所以說，趨勢交易適合短期操作，然而長期操作的話，必須要關注冷門產業中正在崛起的股票。

- 呈現動能邏輯的三星工程日 K 線圖 -

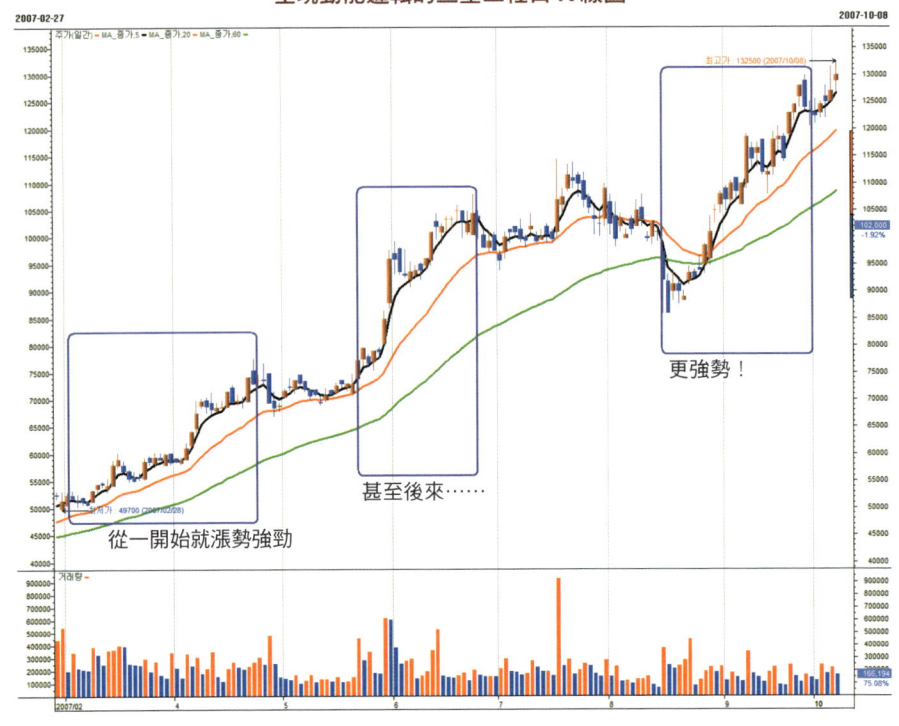

從一開始就漲勢強勁

甚至後來……

更強勢！

- 動能反轉案例：KT 週 K 線圖 -

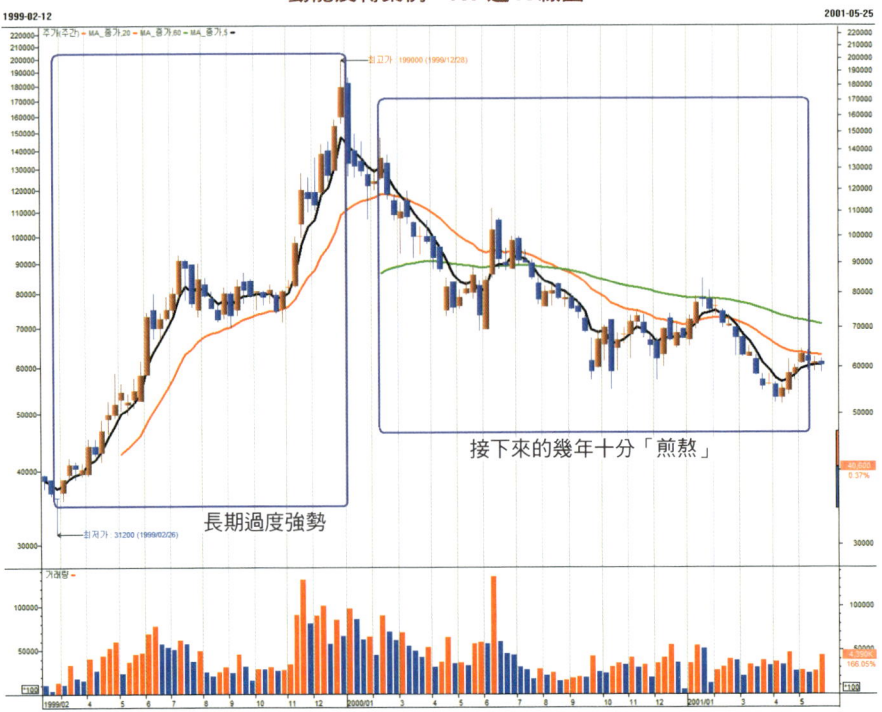

長期過度強勢

接下來的幾年十分「煎熬」

判斷行情的經驗法則
別急著斷定行情

橫盤是我最討厭的市場,也是我最害怕的市場!

如果你在橫盤的時候被洗了幾次盤,就乾脆休兵吧,好好休息,等到箱型區間往某個方向突破。我曾經因為沒有休兵,虧了一大筆錢。反正突破箱型區間(不管是向上或向下突破)都是由主力所操控,如果他們不動,你瘋狂交易也撈不到任何好處,只是白白耗損能量,最後累的還是自己。

參與市場的時候,最需要警惕的就是失去冷靜。有的時候,我們會錯失一些大好機會,特別是交易選擇權的操盤手,有時行情會隨著伽瑪值上升而發生超大幅上漲,我們卻處在看得到、吃不到的狀態。這種時候,操盤手會心急如焚,急急忙忙在高點追高買進。

你沒必要做這件事。因為行情總是動盪,所以市場的機會無窮無盡,在任何情況下都不要操之過急,也不要即興做一些計畫以外的交易。從長期來看,這些著急,必定會引來禍端。

還有一種很多人會犯的錯,是在錯過行情暴漲時反向進場。天啊,你肯定是傷心透頂了吧!舉個例子,交易期貨的時候,某位操盤手因為沒有參與到當天的行情噴發,內心焦躁不已。很多操盤手犯的錯,就出現在這種時候,認為買進期貨為時已晚,於是懷抱著「現在應該差不多

要跌了吧」的心態，開始賣空期貨。

詭異的是，市場也許是洞悉了這類操盤手的心思吧，在這種情況下，行情往往會更上一層樓，而不是走跌。**各位要記住，不要隨便斷定行情的走勢。即使趨勢結束了，也不代表它一定會快速改變。**

讓我來傳授各位，判斷行情時可以使用的經驗法則吧。

上漲趨勢結束後，預期市場會進入盤整期，會比你直接認定市場會立刻轉跌，來得更加安全；同理，下跌趨勢結束後，預期市場會進入盤整期，也比你直接認定市場會立刻止跌轉升，來得更安全。

不論是牛市還是熊市，與其過早預測趨勢的轉換，不如相信現階段的市場行情，會延續得比散戶們想像中更久，這樣反而更安全。

「牛市時，盤整幅度不大、波動較小；熊市時市場會劇烈波動。」抱持著這種想法會更穩當。股市剛轉熊市的初期，散戶們蜂擁而至，市場的雜音也因此增加。除此之外，在短期波動下，大戶往往會分散籌碼，導致許多散戶被套牢。

下列是你在自我回顧的時候，可以使用的經驗法則。

◆ 發了瘋似地想買進，就先等三天再說。
◆ 發了瘋似地想賣出，就先等三天再說。

我已經強調過很多次，各位只是市場的一部分。除非你真的與眾不同，否則當你感受到「發了瘋似地想做某件事」，必然是有原因的。如果你有這種感覺，其他人非常可能也有相同感受。而當大眾聚集在某一邊時，市場就會往另一邊走。

所以說，我們必須培養克制自我衝動的能力。我希望各位訓練自己，

嘗試去思考當下最不可能發生的劇情。然後告訴自己，市場也許會往這個腳本發展，提前擬好交易策略。

大多數的情況下，比起急著斷定市場轉捩點的投資人，那些晚一步才跟上趨勢轉換的投資人，有更高的機會能規避掉逆循環的風險。千萬不要忘了！不要急於斷定行情走勢。

> **❶ Power Message**
> 清算部位和建立部位的時候，最好間隔一定的時間。不要急著斷定行情，從保守的觀點來說，趨勢轉換之前，通常都會進入箱型整理，比趨勢晚一步進場會是更好的做法。

什麼時候該賣
股價相較高點下跌一定比率後再賣出

用常識思考一下吧。假設各位買進了三星電子,但這幾天,三星電子的股價卻出乎意料,不斷走跌,導致你虧損了100萬韓元左右。心很痛吧?

現在的各位,只有二選一的命運,一種是實現虧損,也就是坦然接受自己虧了100萬,心痛歸心痛,但如果這麼做,你的虧損就不會繼續增加。另一個選則是「等待」。

如果你選擇後者,此時我們又會面臨兩種可能的劇情。

第一種劇情是,股價再度走揚,虧損回血;第二種劇情是,股價又進一步走跌,虧損金額越來越高。

股價是無法被預測的生命體,我們誰也不知道接下來會上演哪一種劇情。但癥結點在於,如果各位運氣極差,剛好在市場暴跌的時候持有三星電子,雖然這種劇情上演的機率不高,但依然有它的可能性。經歷過2008年股價崩盤的投資人,應該對這種劇情更有感吧?

我們假設,第二種劇情成了現實。這種時候,虧損像雪球一般越滾越大,這時候我們該怎麼做?盲目地等待嗎?也是啦,除了等還能做什麼呢?

人就是這樣,越虧越多,對於虧損的實際規模就越遲鈍。剛開始虧100萬的時候心痛到不行,但等到虧200萬的時候,就覺得這種情況不

可避免，再來等虧500萬的時候，開始對股票漠不關心，等到虧損放大到1000萬，便開始自暴自棄（拜託，我真心希望不要發生這種事！）。到了這種時候，停損自然是難上加難了，不僅可惜了這段等待的時間，又覺得自己很冤，所以無法停損。

對於停損有誤解的人，會認為停損會導致頻繁交易發生，只有一屁股坐下，繼續死守，才是真正的投資祕訣。我沒那麼有耐心，這點是實在辦不太到。你們知道華爾街怎麼稱呼這種投資策略嗎？它被叫做P&P策略，全名是Play & Pray，也就是買進股票，然後開始祈禱。

停損是積極的風險管理策略。當虧損發生時，為了避免虧損進一步擴大，所以率先果斷認賠出場。坦白說，停損只是平倉技術中的其中一種而已。

如果你買進一張股票的目的，不是想要一輩子擁有它的話，你總有一天要賣出股票。所以到底什麼時候該賣出？這是投資人必然會遇到的難題。

從某種層面來說，相較於如何選擇好的進場時機，如何維持部位反而更困難，原因在於，比起不確定的高額獲利，人們更偏好選擇已經落實的小額獲利。所以大多數新手操盤手，往往會經歷以下的慘痛歷程：

◆ 進場做多（例如：買進部位）。
◆ 行情暴漲，帳戶開始累積獲利。
◆ 感到開心，心跳加速。
◆ 等到行情上漲超過某個程度，因為已獲利不少，開始擔心起這些獲利若最終只是紙上富貴，自己會非常痛苦。那種心跳的感覺，更多是來自焦躁不安，而非歡欣雀躍。
◆ 於是趨勢雖然尚未轉向，卻提前平倉。

跟著市場走・**077**

- 看著獲利，感到安心，也鬆了一口氣，很開心。
- 可眼看行情好像沒打算止步，還在繼續上漲。
- 不甘心自己太早平倉，想再多賺一點，最後選擇追高。
- 偏偏這種時候，往往都是高點。
- 行情突然暴跌，連一開始的獲利也被吞噬殆盡。
- 最後，有一部分的人會停止交易；但有些連基本認知都沒有的操盤手，會因太過生氣而衝動交易，結果以更高額的虧損收場。

我知道這種循環在菜鳥操盤手中經常發生。我稱之為「提前平倉與追高的錯誤」。

股市裡有一句名言：「買在膝蓋，賣在肩膀。」還有一句叫做：「別妄想買在低點、賣在高點。」這些名言可以解答趨勢投資人應該如何持有倉位。

平倉的時機點很簡單，只要等股價從最高點回落一定比例後再賣出就行了。如果股價還沒發生這種情況，就繼續持有吧。

假設小朵莉的投資策略是，假如股價從最高點回落 10%，就無條件賣出股票。當然，如果一買進股票，股價就跌了 10%，那就等於是停損。接著我們來看看，小朵莉的其中三個交易案例吧。

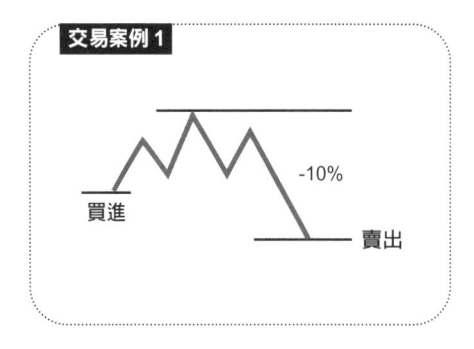

交易案例 1

◎ 小朵莉在相對最高點回落 10% 的時候，賣出了股票，結果賣價低於買進的成本價，所以形成了停損。

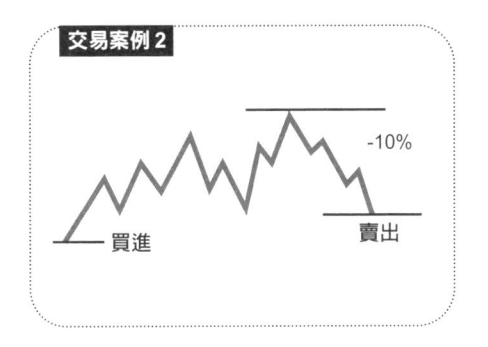

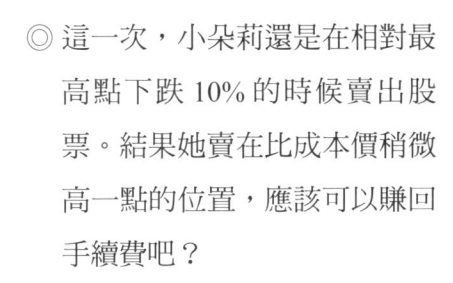

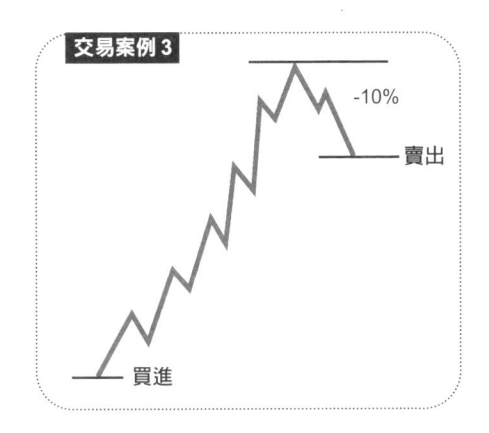

◎ 這一次，小朵莉還是在相對最高點下跌 10% 的時候賣出股票。結果她賣在比成本價稍微高一點的位置，應該可以賺回手續費吧？

◎ 嗯，這一次小朵莉真的賺了不少呢。

小朵莉只使用同一個原則來做交易，以結果來說，她每次的最高虧損額是押注金額的 10%；可從理論上來說，她能夠到手的獲利卻是無窮無盡的。在股價從相對最高點下跌 10% 之前，小朵莉都會無條件繼續持有股票，所以只要運氣好，遇到一波大行情，就能狠狠大撈一筆。

❶ Power Message

我們打從一開始就不應該想著要賣在最高點，這是一種過於貪婪的表現。最好要等趨勢轉換發生後再行平倉。

跟著市場走・079

辨別假行情的方法
再多觀察一下或者確認交易量

所謂的**趨勢追蹤**，從某方面看來，就是一場分辨真假訊號的遊戲。強勁的**趨勢**，無疑是從股價往同一方向波動而開始的；但不是每個往同一方向波動的行情，都一定會帶來強勁的**趨勢**。

趨勢投資人往往會在行情往特定方向持續波動一段時間後，押注趨勢會繼續延燒，所以股票朝著同一個方向波動，其實就代表著交易的訊號。但是這個訊號並非只對不錯，**十個訊號裡，通常會有六、七個是假訊號**。

所以我們到底要怎麼分辨真偽？

技術分析這龐大的學識體系，就是為了找出這個問題的答案。除了股價單純朝著特定方向移動以外，還要考慮很多其他因素，藉此提高我們判斷真偽的準確率。但是，技術分析真的有達成這項目的嗎？

當然，從某部分來說，確實有一定程度的效果，可奇怪的是，它並沒有改善我們的投資績效，我認為最根本的原因和市場效率有關。

其實技術分析不需要複雜的背景知識，只要鑽研個幾天，任何人都能學會。所以實際上，使用技術分析的人非常多。

如果技術分析有效的話，學習和執行技術分析的多數人，應該都要見效才對（也就是應該要賺到錢的意思）。但蛋糕就這麼大，不可能人人有獎。正因為這種根本上的限制，導致技術分析在某個時間點必然會

遇到天花板效應 ceiling effect。

除非有人發現了市場上不為人知、屬於他自己一個人的獨門技法，那故事的發展當然就不同了，至於這種人和這種技法存不存在，我個人抱持著相當程度的懷疑。真的有人可以透過鑽研過去的股價軌跡，從中發現可以預測未來股價走勢的因素嗎？應該真的蠻難的（坦白說是非常非常難）！

特別是，我長年以來熱衷於開發量化交易，而我的看法是：「使用複雜的邏輯，並不一定能夠提高成功辨別真偽的機率。」舉例來說，就算某個投資策略在特定期間、特定市場中，效果非常卓越，但在其他時期或市場上，還是可能會出現非常差勁的成果。

投資策略越是複雜、越是具體化，就越會像上述的情況一樣，發生過度擬合 overfitting 的問題。簡單來說就是，很貼身的衣服，別人可能很難穿上，但寬鬆的T恤人人都可以穿。

越簡單的投資策略，往往是越好的策略。拿我過去開發過最複雜和最簡單的量化交易模型來比較，前者的績效並不明顯優於後者。

換句話說，當股價突破特定的壓力線或支撐線時，為了辨別真偽，各位可以採取的策略有兩種：

◆ 再多觀察一下
◆ 確認交易量

這是眾所皆知的方法，問題是真正付諸實踐的人卻寥寥無幾。還有就是，長期線圖的訊號比短期線圖的訊號更可靠，我認為只要記住這些就夠了。

其實不管你用什麼方法，都不可能百分之百分辨出真偽訊號。**再加**

跟著市場走・081

上，過度執著於分辨真偽，反而容易導致你錯過戴著虛假面具的真訊號，付出非常昂貴的機會成本。

所以說，很多從事趨勢交易的操盤手，打從一開始就不會辨別真假。當他們相信是真的就進場，如果被證實是假的就停損，僅此而已。我想建議各位也採取這種方法。如果陷入行情分析的泥沼裡，各位不但會失去想賺錢的初衷，還會在理論的汪洋裡拚命掙扎。天啊，也太可憐了吧！

換個方式思考一下吧！不管是哪位知名投手，也不可能讓所有打者都被三振出局。如果投手的球被打中，這時候防守球員就要好好處理，想辦法接住那顆球。如果交易訊號失效，我們就必須啟動停損原則，減少虧損。

> **❶ Power Message**
>
> 訊號無法百分百準確，我們最好利用停損進行防禦，再照著訊號進行機械式的交易。反正這世上不存在百分百準確的訊號。就如同不管哪位知名投手，都無法投出一場完美無缺的比賽，一旦球被擊中，防守球員就必須挺身而出來彌補失誤。

Chapter 3

人性與投資

別再幻想著「我不一樣」了

控制欲
你能控制的是什麼？

為什麼比起指數型基金，人們更偏好選擇績效較好的基金？為什麼人們比起把錢放進基金裡，更偏好自行投資？為什麼比起長線投資，人們更偏好短線交易？還有，人們為什麼每天都盯著螢幕看？這個問題既簡單又複雜。

最優秀的交易智慧，大多源自於對人性的深度了解。提到人類的心理狀態，各位可能會想得太複雜，但其實並沒有那麼難以理解。上面這些問題的答案，簡單來說就是因為：「人類總是渴望控制自身周圍的狀況。」舉個例子，人們不會對已結束的足球比賽狂熱不已，卻會看著現正轉播的足球賽事，看到手心冒汗，彷彿自己的加油聲可以影響賽事結果一般。

假如一個人失去掌控自身處境的能力，他會立刻陷入憂鬱，甚至死亡。「習得無助」Learned helplessness 理論是其中一個強而有力、關乎於憂鬱症的假說，這個理論認為，當一個人感覺自己無力改變自己的人生時，就會引發憂鬱症。

很多操盤手在牛市時，無法持之以恆繼續持倉，不斷換股，從事短線交易。過程中，他們不只要負擔手續費和稅金，還會遇到逆循環。但這些操盤手卻怎麼樣都坐不住，因為他們想要擁有能自行控制投資報酬率的感覺。

但是基於我的經驗，**投資報酬率會隨著交易的次數減少而變得越來越高**。我剛開始交易的時候，雖然是以日 K 為基準進行交易，但後來就改成用週 K 進行長線交易。

我跟大部分的金融衍生商品操盤手不同，我不會每天以分 K 線圖為主，進行數十次的交易，各位嚇到了嗎？大多數人聽到我在期貨市場長線投資，都覺得我是個瘋子。但不是我要炫耀，隨著時間過去，我卻是裡面獲利最多的人（不管是誰，這種時候都會很開心吧）。我並沒有特別的長才，讓我賺得比較多，我唯一擅長的就是──「乖乖地等待市場創造收益」。不對，應該說，我擅長的是一種「無所作為」嗎？

趨勢交易的核心，是僅在市場潮流轉變的時候改變投資方向，其餘時間則保持觀望。然而大多數的散戶，卻為了追求更高的報酬率而頻繁交易，最後連在牛市裡都賠了錢，真的很傻吧？

為什麼長線交易市場比短線交易市場更有利呢？

首先，短線交易市場上的競爭者過多。競爭者多，會放大股價的不確定性，最終，除了短期的股價波動以外，身邊還充斥各種雜訊，很難篩選出正確的趨勢行情。

第二點，因為手續費和稅金。俗語說：「千里之堤，潰於蟻穴。」各位可有想過，當你被短期報酬率蒙蔽雙眼，一天之內交易數十次的時候，證券公司營業員的嘴角會裂到哪裡去嗎？

第三點，市場主力利用短期行情操縱吸引散戶。放長遠來看，股價會隨著經濟發展波動，選擇長線投資的散戶只要可以好好把握景氣波動，就能從中獲利。但是短期的股價，會跟著供需原理起起伏伏。所以說，玩短線遊戲的話，經常會被主力所欺騙，就像是一頭追著鬥牛士的愚蠢公牛一般。

各位，首先，請避開充斥著散戶的市場。不要在短線市場上頻繁交

易,請去加入藍海市場。雖然有些無趣,但「交易是為了賺錢,不是為了有趣」,千萬別忘了這句話。

第二點,**請盡量避免白白送錢給證券公司**。不要去參加愚蠢的投資報酬率比賽,也不要用敬仰的眼神看待那些優勝者,拜託!

第三點,**請無視市場主力為了操控你們,所製造出來的行情波動**。有一些好勝心很強的人會盯著分 K 線圖,想從中看出主力們的把戲,藉此獲利,這種情況我真的不忍直視。當然,還是有少數的散戶可以看穿部分主力的心理遊戲,從中賺大錢。只是大多數的散戶都會被命中要害,被主力打得落花流水。不要跟騙子打交道,請努力專注在市場聲勢浩蕩的趨勢上。

> **Power Message**
> 不要過分想控制投資,你賺的錢來自於市場的趨勢。盯著螢幕大吼大叫,行情就會照著你的意思走嗎?行情只會走它自己該走的路。

無意識想預測行情的心態
應對進退比預測更重要

「大大你好，我從很久以前就很崇拜你。我每天都拜讀著大大寫的金玉良言，然後一邊幹譙你。」

這段文字讀到最後，各位可能感到會吃驚或是會心一笑，因為「幹譙你」跟他前面說的話實在太不搭了。

人類的大腦總是會無意識地不斷做著某種預測。各位可能沒有意識到，但是你的大腦在閱讀這段文字時，就已經預期「大大」後面會出現「感激不盡」之類的句子了，然而他實際說出來的話，卻跟你的預測相差十萬八千里，所以你才會感到吃驚或爆笑。

當我們跟對方說「你好」的時候，我們的大腦不知不覺間預期對方也回覆我們「你好」。這是因為，我們的大腦會從過去類似的互動模式中學習並認知到，發出某些特定的問題，就會收到特定形式的答覆。

假如你跟一個人說：「你好。」結果對方回你：「你去死吧。」你會不會感到很困惑呢？

我們面對無法預測的事情會感到非常衝突，進而認為這件事不對，或是對此表達憤怒。而且這種情緒上的反應，反而會導致我們要花很多時間，才能接受現實。換句話說，我們的行動會出現暫時性的癱瘓，因為我們的大腦必須要重新運轉，釐清現況。

根據我的經驗，市場經常喜歡給一個不一樣的結果，嘲笑我們的預

測。在理所當然要上漲的位置，突然放上一根長黑 K 線，讓股價暴跌；或是在我們認為波動應該加劇的時候，卻接連盤整好幾天，彷彿在戲弄著我們。很多操盤手剛開始都會愣在螢幕面前，無法接受事實，再過一段時間，就開始暴怒：

「這不合理啊！這些可惡傢伙！」

如果有人說，他從來沒在這種痛苦中放聲吶喊過，那他肯定在說謊。

人們就像這樣，在面對出乎意料之外的現象時，需要一點時間平復情緒，才能接受現實。所以說，等到人們接受現實的時候，往往已經太遲。例如，長期下跌的市場早已劃下句號，開始轉跌為升，但人們卻無法接受這份驚喜，堅持市場還會繼續走跌，等到行情已經過熱才姍姍來遲，加入這份多頭行情。當然，這時候行情又再度開始準備下跌，準備為各位帶來新的驚喜。

資深的操盤手，會訓練自己盡可能不去預測行情。不過預測無疑是種無意識的行為，所以我們不可能完全不去預測，這件事就像是你對自己下達指令，要求大腦「從現在開始，腦袋裡面什麼都不要想」一樣，非常難以實踐。這件事情的解決方案是，針對市場所有可能發生的情況，事先規劃好應對的方法，這也凸顯出了交易計畫的重要性。

從某種角度看來，優秀的交易，不過就是忠實地執行事前擬好的計畫罷了。

❶ Power Message

別過於想要預測行情，這有損交易的靈活性。對於市場要保持堅定的立場，也要在事前明確設定好改變立場的標準。

短期績效的誘惑
千萬別掉入朝三暮四的陷阱

有個人向你提出了這個問題。

「你會選擇在一個月內獲利100%，然後其他十一個月都處於橫盤狀態的股票；還是一檔股價持續上漲，一年後的收益會來到100%的股票？」

這兩個選擇，一年後的報酬率同樣都是100%。不過大多數人都會選前者，因為這樣只需要花一個月，就能獲得100%的報酬率。

散戶的特性是，會前仆後繼奔向飆股，往往無視於那些沒有交易量、股價緩慢上漲的股票。不過這些股票是扮豬吃老虎，事過境遷後才會發現：這些默默上漲的股票，報酬率反而最高。

至於虧損呢？

透過分期付款這種制度，就能理解人類的心態。就算要支付利息，比起一次性支出一筆鉅款，人們更偏好長時間分期付款。就算最後支出的金額相同，比起長期分次虧損，人們更排斥一口氣發生的鉅額虧損。

看著這種人的心態，各位有想起哪句成語嗎？不會只有我想到「朝三暮四」這四個字吧？我不曉得各位交易至今，有沒有賺過將近兩到三倍的收益，但是你們從剛開始投資到現在，累積報酬率是多少？如果把你的累積報酬率，拿來跟你剛開始投資時隨便買進的任何一檔股票，而

且是買進後持有不動的報酬率相比較,結果如何?有更高嗎?

各位規劃投資生涯的時候,要記得自己總有一天會離開市場。不要想著建立單筆交易報酬率極大化的策略。試著打造一個能把你整個投資生涯報酬率極大化的策略,才是明智之舉。換句話說就是,比起十次中有一次大賺十倍、但其餘九次都賠掉大半的策略,十次中有七、八次可以穩定獲利、哪怕一次只賺10%的方法,才是更好的投資策略。

如果想做到這件事,各位的心態就必須保持從容吧?

「越急越容易走冤枉路。」在交易過程中,沒有比這句話更重要的箴言了。像烏龜一樣,一步一腳印地去累積獲利,總有一天會建立起龐大的財富。我們偶爾會在過程中,嘗到大賺一筆的滋味,但你得知道,這只是一種幸運。

很多高手都會建議投資人去享受交易的過程,這個建議其實很受用。曾經願意改變心態,**把投資當成「一場遊戲」的人,他們親身經歷過,光是改變這個想法就能帶來多大的改變,當他們聽到高手說「交易是一種心法」的時候,必然會不自覺地點頭,以表認同。**

如果每次交易都過度執著於結果,過度害怕失敗,選擇逃避,當這種心態越來越強烈,你就會越來越無法忍受失敗,無法停損。或者是停損之後,會為了回本而從事一些沒有交易原則的買賣。

但如果你能享受過程,自然就會帶來好的結果。遊戲有時會贏、有時會輸,現實中,我們在持倉的過程中,未實現損益會不斷上上下下。如果我們把每個當下都當成一場遊戲,似乎就能接受持倉的過程中,會經歷無數次的虧損。可我們不會這麼想,對吧?最奇怪的就是,當我們平倉時,如果虧損了,內心就會各種不爽,覺得自己賠錢了。

交易所造成的虧損,就像是經營事業時必須支出的成本。不要過度

執著於短期的績效，要像一位求道者一樣，專注於提升自己的交易能力。

> ❶ **Power Message**
> 不要掉入朝三暮四的陷阱裡，重點在於，讓自己有一天能帶著鉅款離開市場。如果今天的收益翻了一倍，明天又全部吐回去，那又有什麼用呢？

期待與現實的對立
過分期待是摧毀交易的元凶

　　跟心愛的人接吻沒有想像中甜蜜，考進一流大學也沒有想像中幸福。有很多事情，現實都比不上預期，不是嗎？

　　假如對人類而言，期待跟現實之間有落差是一種普遍現象，那麼聰明的做法，就是盡快認清：現實往往無法滿足我們的期待。

　　期待，是摧毀交易的關鍵因素之一。過度貪心會使我們對未實現收益產生期待，從而錯過平倉的時機。同樣的，即使部位已經產生鉅額的未實現虧損，早已沒有機會回本，我們依然可能抱持「總有一天能回本」的期待，繼續死守。如果一個人無法根據現實情況來調整自己過高的期待，長期下來終究會以失敗收場。

　　之所以有那麼多高手提倡著投資要「遵守原則」，並不是因為遵守原則跟預測行情之間有什麼關聯，而是因為他們知道，遵守原則是控制自身期待過高的唯一方法。

　　當股價碰到平倉線時，選擇遵守原則，就可以避免自己盲目期待股價繼續上漲，錯過已經到手的未實現收益。遵守股價虧損到一定程度就進行停損的原則，可以防止我們因盲目期待虧損總有一天得以挽回，最終導致虧損擴大。

　　平均交易報酬率 30% 的操盤手，在某次交易中獲利 20%；跟平均交

易報酬率 10% 的操盤手，在某次交易中獲利 20%，兩者之間感受到的滿足感，不可能相同。

我們經常聽到，很多人從原本的現貨市場轉戰到金融衍生市場；卻很少聽說有人從金融衍生市場回鍋現貨市場。金融衍生市場裡的投資人，往往把每次交易的預期報酬率設得太高。即使十次裡有九次賠得一塌糊塗，但只要有一、兩次能大賺兩、三倍，就足以讓金融衍生市場的投資人，對報酬率產生不切實際的期待。

人們因為各種心理因素，會選擇性只記得好的回憶，就算反覆失敗，人們依然渴望複製過去的成功，只追求發大財，無法停止進行愚蠢的投機行為。

聰明的操盤手不會按照自己的主觀經驗，決定自己滿意的獲利標準，而是會根據市場波動進行調整。當市場波動劇烈的時候，預期的報酬率也會跟著拉高，但是當市場波動不大的時候，預期報酬率也應該調降。

為了幫助各位理解，我舉一個我個人的經驗談。

我剛開始買賣選擇權的時候，剛好吃到一波賣權大跌，我成功大賺六倍。我當時對於交易可以帶來如此鉅額的獲利感到很神奇，也為自己感到很驕傲，情緒也來到了最高點。

雖然我不斷提醒自己：「這種時候就是最危險的時候。」努力想讓自己的情緒平靜下來，可是不知不覺間，我對選擇權市場的預期報酬率早已膨脹得非常厲害。後來，一段艱辛的時期就找上門來了。

有過那次大賺一筆的經驗後，只要交易選擇權的報酬率沒有達到三位數，我就感到不滿意。太貪婪了，對吧？就算我眼前已經有 50% 的獲利了，我也看見趨勢轉跌了，但我依舊因為貪心而沒有平倉，死守在市場裡，最終賠光了本金，而且這種事情還反覆經歷了好幾次。

幾個月過後，我當初賺的那一大筆錢就像是被毛毛雨浸濕的衣服一

樣，一點一滴賠光了。我被市場偶然送上門的幸運蒙蔽了雙眼，而破壞交易平衡的重點因素就是：我對報酬率懷抱著過多的期望。

> **Power Message**
>
> 預期收益要符合市場的現實狀況。不要執著在一次大獲成功的經驗上，幻想著市場總有一天會再贈與你同樣的成功。不論任何時候，都要把市場的波動當作是預期收益的標準。

心理帳戶的陷阱
千萬不可以攤平，建議採用金字塔式交易法

各位去看公演的時候，抵達現場才發現，你原本買好價值1萬元的票券不見了，幸虧你的錢包裡還剩下1萬元，你會再去買一張票嗎？

各位應該很有可能會放棄欣賞這場公演，直接回家吧？

我們來修改一下這則故事吧？假如各位還沒買票，到了現場打開錢包，發現原本錢包裡的2萬元，有1萬元不知道跑哪去了。這個時候各位會買票嗎？應該有很高的機率，還是會買票進場吧？

同樣損失了1萬元，不過在前者和後者的情況下，各位的行為卻截然不同。對於前者來說，重新買票會覺得很冤；但後者不見的，是錢而不是票，所以買票感覺就沒這麼冤了。

當各位買進某檔股票之後，假設股票大跌，造成了鉅額的虧損。這個時候，很多操盤手採取的行為是「攤平」。降低平均成本確實會為我們帶來滿足感，但仔細想想，降低平均成本這件事，只不過是個幻象而已。虧損早已發生，只有股價上漲時，手上的持股（不管任何商品都是）才會產生未實現收益。所以重點是持有一張上漲的股票，而不是壓低平均成本。

儘管如此，還是有很多操盤手會掉入攤平的陷阱裡。

所有這些行為背後的原因都是，我們的心理會把獲利和虧損分類計算。因為遺失的東西是票，如果要再買一張相同的票，會讓我們心有不甘。在某一檔股票上虧了一大筆錢，就算後來買了其他股票，整體上有所獲利，我們依然不會忘記自己曾經在那檔股票上虧過錢。但是不管從哪裡賺來的錢，都一樣是錢啊。這也是為什麼選擇權的新手投資人，很難同時買進買權和賣權。

就算買權賺了 100 萬，賣權賠了 50 萬，整體上還是賺了 50 萬，其實跟你單獨只買進買權，從中獲利 50 萬是一樣的道理，可投資人卻會認為前者好像虧了什麼，且無法擺脫這種思維。0=1-1=2-2=3-3，這個恆等式連拿給小學生看，他們都會說結果相同，但身為成年人的我們，有些時候卻認為 1-1 不等於 2-2。

心理帳戶之所以為成為問題，另一個原因來自於金字塔式交易。很多新手操作金字塔式交易時會遇到困難，因為平均成本上升，會造成他們心理上的不舒服。神奇的是，正因為這種心態，很多新手可以攤平，卻無法進行金字塔式交易。

隨著趨勢發展，轉捩點肯定會越來越近，但與此同時，如果持倉後有獲利的話，也就表示我們有正確掌握到趨勢的波動。所以說，趨勢交易人是透過已經發生的獲利，確認行情走勢之後，才會進行加碼。

傑西・李佛摩又特別以操作這種投資策略而聞名，這個策略在韓國也被稱為「偵查兵策略」。當他對市場產生特定看法的時候，他會先以小額持倉，觀察是否有所獲利。如果事與願違，因此虧損，他就不會繼續加碼。但假如行情如預期發展，開始獲利的時候，他就會在適當的時機加碼，這種型態有如同金字塔一樣層層堆疊，所以被稱為金字塔式交易法。

只有擺脫平均成本所造成的錯覺，才能防止我們進行攤平，實現金字塔式交易。已經產生獲利的部位，是我們應該確認行情趨勢的位置，所以我們應該是在這個位置上加碼，請把平均成本這種東西，從你的大腦裡直接移除，立刻！馬上！反之，假如你的攤平，不是一開始就計劃好的分批進場，而是在行情跟自己預期不同的時候加碼，從行情的慣性來說，絕對會陷入對你更不利的處境。

對於投資現貨投資組合的投資人而言，心理帳戶所造成的錯覺，經常會驅使他們賣掉已經開始獲利的部位，然後去攤平那些已開始虧損的股票。一旦產生未實現收益就害怕失去，因而選擇實現收益；一旦發生虧損，就覺得「現在該漲了吧」，然後繼續買進。資深的趨勢交易人，深刻了解這種行為後續會帶來何等的災難。尊重行情趨勢的操盤手，反而會把已經產生收益的股票放著不管，或是加碼買進，然後賣出發生虧損的股票。這才是管理投資組合的正確方式。

> **❶ Power Message**
>
> 重點在於「淨利」net profit。不要犯下在心理層面上，把股票或市場的損益分開計算的錯誤。毫無計劃的攤平，企圖降低平均成本，是活在幻想之中、最愚蠢的行為之一，要保留獲利，截斷虧損。

被後見之明與現在綁架的人類
市場永遠都有機會

　　虧損會讓操盤手很生氣，這是理所當然的。但是比這個令人更氣的是，當你擁有這檔股票，明明原本可以大賺一筆，結果卻因太早平倉，錯過了獲利的機會。這種情況著實會讓操盤手感到憤恨不平。

　　仔細觀察這份憤怒背後的原因，就是源自於「沒吃到原本能吃到的東西」而感到的不滿足。但是這種情況，其實都要等事過境遷後，你才會看清原來自己「本來能獲利」。可是當時的情況如果這麼明顯，你又怎麼可能會這麼早平倉呢？

　　這世界上有很多東西，回過頭後看起來都很理所當然、很簡單。**拿著過去的線圖捕捉交易的時機點雖然很簡單，但在現在進行式的線圖上，這件事幾乎不可能實現。**即便如此，有自虐傾向的操盤手，還是會因為錯失可以獲利的機會，被這種後見之明所束縛。

　　市場永遠都有機會，重點在於不要虧損（千萬不要忘記）。即使你錯失了大賺一波的機會，而且你也沒有任何方法能預期這件事的發生，那就更沒理由感到委屈了。因為太早平倉，眼睜睜看著股價高漲，忍不住這份委屈，結果跑去追高，在高點上被套牢，這種事情經常發生在新手身上。由於這現象太過普遍，我將之稱為「提前平倉與追高的錯誤」，對此保持警惕。

　　從某方面來說，正因為人們會站在當下回顧過去，才有所謂的後見

之明。長大成人後的我們，不也會想起兒時的夢想，悄悄莞爾一笑嗎？不過有一件事很明確，不管是童年的夢想，還是各位現在的夢想，都一樣很真摯，也很實際。

那未來呢？大家是不是也基於現在的觀點，在想像著未來呢？

有很多孩子會說，他長大後不要結婚，但長大後真的沒結婚的人，又有幾個？（雖然現在是單身主義的時代。）還有那些嘲笑著「恐龍媽媽」的年輕女子，等他們真的當上媽媽之後，真的全都不會成為恐龍家長嗎？

人類的慾望和需求也會隨著時間改變。肚子餓的時候，去吃到飽的餐廳，會充滿食慾，恨不得橫掃所有的食物，可一旦吃飽之後，看到食物就想吐。

人們同樣也會用現在的股價走勢去想像未來。只有極少數人，會期待現在沒有交易量，橫盤了好幾年的股票，某一天會寫下漲停板，股價大暴漲。反之，誰也都無法想像，現在被稱為績優股的股票，哪一天會面臨下市。

人類總是習慣透過當下的窗景展望著未來，這種習性，造就了相當一部分的市場和股票，長期被低估或高估。**我們必須以開放的態度看待市場，了解未來跟現在可能會有天壤之別的不同，保持靈活、順應不斷改變的市場**。看市場的時候，請拋開所有的偏見吧。

> **❶ Power Message**
> 所有的事情，在事後看來都很簡單，但等我們又遇到相同的事情，還是會反覆犯下相同的錯誤。不要犯下以過去的角度預測未來的錯誤，保持開放心態，了解行情可能以任何形式發生波動。

資訊量、自信與確認偏誤
只有神才能預測未來

我傾向以單純的方式進行交易，也盡可能採用簡化的交易策略。所以我大多數時候都只使用突破策略或移動平均線交叉策略。你問我，為什麼要這麼做？

獲取更多的資訊，確實從某方面來說可以提高判斷的準確度。但是在現在這種網際網路發達，資訊氾濫的時代，市場總是反覆出錯。更多的資訊量，似乎並沒有讓人類變得更聰明。

當更多的資訊無法為我們帶來更準確的判斷時，擁有資訊的風險是，它會加劇我們過度自信的程度。當我看到股市專家們，以沒什麼大不了的知識，強烈宣揚著自己的預測有多準的時候，我真的很無言。從他們的立場來說，他們的自信來自於，他們讀了更多的書、擁有更大量的知識。但是在智者的眼裡，他們的自信只不過證明了他們的愚昧，表示他們連「只有神才能預測未來」這種道理都不懂，讓人不禁聯想到一句箴言──「一知半解最危險」。

我以專業操盤手的身分，在股票市場上打滾將近十年，有關股票的知識，我可以說是無所不知、無所不學，但我仍然無法預測股市的未來，所以誰能預測到未來呢？說來諷刺，當我累積的經驗越來越多，我參考的資訊量就越來越少。過多的資訊量只會讓我的思緒變得複雜，產生不必要的執著，完全沒有任何幫助。

簡化交易吧，股價會上漲、下跌和盤整。有的時候，我看著操盤手，會有點搞不清楚，他們交易是為了證明自己是對的，還是為了賺錢？

在市場上堅持自己是對的，根本一點幫助也沒有。錯了但賺到錢，比對了但賠錢還要強上幾百倍。 儘管如此，人們還是會為了守護自己的自尊心，從本能上排斥去改變自己的想法。

市場上利多和利空總是反覆交替發生，股價的波動也是上上下下，也許這就是為什麼交易如此困難的原因之一吧。

對多方來說，每當市場出現利多，股價上漲的時候，他們就會覺得自己是對的，從而強化自己原本的思維；反之，空方則是相反。人們只會選擇性地接受那些可以印證自己初始觀點正確的資訊。

回顧過往，感覺自己一直是對的卻老是賺不到錢，這種詭異的情況其實很常見。某位操盤手在 2008 年中旬開始，就主張 KOSPI 的 1450 點是谷底，即使後來股市進入恐慌狀態，股價跌破 1000 點，他還是非常堅持，認為「谷底馬上就要來了」。當然，那時我和我的同事們早就已經開始做空了。

這位操盤手在 2008 年底低點形成之後，聯絡了我。他說：「我早就知道這裡是低點了。」他透過買權大賺了一筆，為此興奮不已。

但當我問起，他在 2008 下半年的投資報酬率成果如何，他卻迴避我的問題，他說：「我在現貨市場上賠了一點，但現貨只要再等一下就能賺回來了。」他只是不斷複誦自己靠選擇權賺了很多錢。

那位操盤手可以在低點透過買權大賺一筆，確實是很值得慶祝的一件事，因為他的固執終究為他帶來了獲利。不過我個人判斷，他 2008 年在現貨市場上的虧損，絕對不是只有「一點點」。雖然他沒提到這件事，

不過他可能早在買權上賠了好幾次錢。關於這部分，我並沒有詢問他，因為這只會惹他生氣而已。

> **❶ Power Message**
> 擁有很多亂七八糟的資訊，不代表就能賺大錢，重點在於資訊的品質。比起腦袋裡充斥著一些雜七雜八的知識，掌握重點反而才能帶來好的成果。

自利性偏誤與心理防衛機制
獲利比自尊心更重要

　　這世上有很多不幸，都源自人們只對自己寬容，卻無法給予他人同樣的寬容。如果我們都能像包容自己一樣來包容別人，這世上根本就不可能會有衝突發生。

　　有句話是這麼說的：「我做就是羅曼史，別人做就是婚外情。」這句話表達出了人們到底有多寬以待己。反過來想一想，如果我們可以對自己像對他人一樣嚴苛，在股市裡傾家蕩產的悲劇，根本就不會發生。

　　我希望各位停下來想像一下。如果你把一筆錢委託給某個人，結果他在一個月內就賠掉了一半，當你收到這個消息時，會做出什麼樣的反應呢？

　　你會像在跟自己對話時一樣，告訴他：

　　「沒關係，投資股票本來就要繳學費。我會再給你一次機會，你這次一定要賺錢。」你會這樣告訴他嗎？

　　如果不會的話……

　　「你他Ｘ的臭小子！你到底是怎麼管錢的，才短短一個月就賠掉了一半！你是不是偷了我的錢？是不是？快把剩下的錢還給我！不然我就去告死你！」

　　你會這樣說嗎？

　　成功的操盤手會對別人寬容，對自己殘酷。而且這一點不僅限於交

易上,而是這世界上所有成功人士的共通點。

交易的時候請放下你的自尊心,它對於提高績效一點幫助都沒有。不管別人再怎麼推崇你是一位高手,但在股市裡,報酬率終究才是區分勝敗的唯一標準。人們為了守護自己的自尊心,會無意識用出各式各樣的方法來自我欺騙,這些被統稱為「心理防禦機制」,讓我們來了解一下它吧。

很多人在牛市會化身為技術分析師,在熊市又變成價值投資人。其實我們可以為買進、持有、賣出股票編造各種理由。問題是,這些理由會跟著我們的情緒變來變去。

例如,某個人在某檔股票 5 日線和 20 日線黃金交叉時進場了。但股價卻不如預期,開始走跌。從這一刻開始,他突然關注起了這家公司的價值面。本益比夠低、業績轉好……等,找一堆理由來合理化自己持有這檔股票。

找這些理由來塘塞,還不如擲硬幣決定你要買進還是賣出吧。用個誇張一點的說法,這種形式的合理化,跟自慰沒什麼區別,就是一種自我欺騙。市場已經迫不急待地想騙你了,千萬不要再自己騙自己了。

我剛剛所說的合理化 rationalization,是人類的其中一種心理防衛機制 defense mechanism。心理學家佛洛伊德說,所有防衛機制的根源都是壓抑 repression。我們只想記得好的回憶,無意識地想抹去不好的回憶。人類想透過這種方式,擺脫痛苦的記憶。操盤手也會不知不覺間,壓抑過去曾經虧損的記憶,一直誤以為自己不斷地在獲利。當操盤手回顧起過往的交易日誌,會突然之間感到抗拒。

否認 denial,也就是拒絕接受現實。人們之所以拒絕停損,其中一個原因就是想否認自己有虧損。

「這是未實現損失,只是帳面上的虧損而已。」

真的是這樣嗎?未實現損失是實際上已經發生的虧損啊。

有的時候,人們會把自己失敗的原因投射 projection 到外在因素。交易虧損的原因就是我們自己,但人們卻把原因歸咎於市場,一部分有精神問題的操盤手還會感嘆著說,那些可以左右市場的主力總是要跟他唱反調。

你們知道,幻想 fantasy 也是一種防衛機制嗎?有些兒時被欺負或是無法獲得關注的孩子,會在幻想中把自己英雄化。尤其是近代,隨著虛擬世界這個新維度的出現,人們開始在這個虛擬空間中,彌補自己在現實世界上受傷的自尊心。交易的世界就是一種虛擬世界。在現實世界中明明是一位「失業的投資客」,但一踏入市場就成為了市場上的贏家。在這個世界裡,操盤手幻想著自己總有一天會賺大錢,成為有錢人。在這種自我陶醉下,要列舉他們做過的瘋狂行徑,可真是數也數不清。

衝動行為 acting out 顧名思義,是直接表達出自己內心的焦慮,放在交易的時候,這種行為是指賠錢的時候大喊大叫、砸壞螢幕或用手捶牆導致手指骨折的行為。別擔心,我剛入行的時候也做過這種事,你們並不孤單。

> **❶ Power Message**
> 對於操盤手來說,自尊心是無用之物。不要忘了,創造收益比自尊心更重要。此外,不妨去檢討看看,自己在交易的過程中有沒有陷入防衛機制的傾向。

過分自信所帶來的問題
別再幻想「我跟別人不一樣」了

市場根本就不受我們所控制,但許多操盤手卻總有莫名的「直覺」,覺得只要自己買了這檔股票,股價就會上漲。彷彿一切都會如他所願,運氣這次一定會跟他站在同一陣線。

或者,操盤手有時會過度相信自己有預測行情的能力。假如他們在市場上連續賺了幾次錢,他們不會認為這是牛市的功勞,反而誤會一切都要歸功於他精準預測行情的能力。

每個人本能上都會覺得「我跟別人不一樣」。但如果你想在這個殘酷的交易世界裡生存下來,請銘記「我跟別人沒有不一樣」。假設股票從10元漲到20元,這段期間不論是天才還是笨蛋手上都有這檔股票,那不管你是天才還笨蛋,都會賺到一樣的錢。市場不會因為你是天才就偏袒你,也不會因為你是笨蛋就歧視你。不論你是誰,只要你站在股市行情的道路上,市場就會讓你獲利。

造成過度自信的另一個原因是,人們有時候真的可以從市場上獲利。假如某位散戶從來沒在股票上賺過錢,那麼他打從一開始就會認為,股票是一個無法賺錢的地方,早就退出了市場。

然而讓散戶產生幻想的,是那些偶爾會登門拜訪的收益,所以散戶才無法放棄投資股票。

如果沒有過度自信,那一部分操盤手就不會去押注自己負擔不起

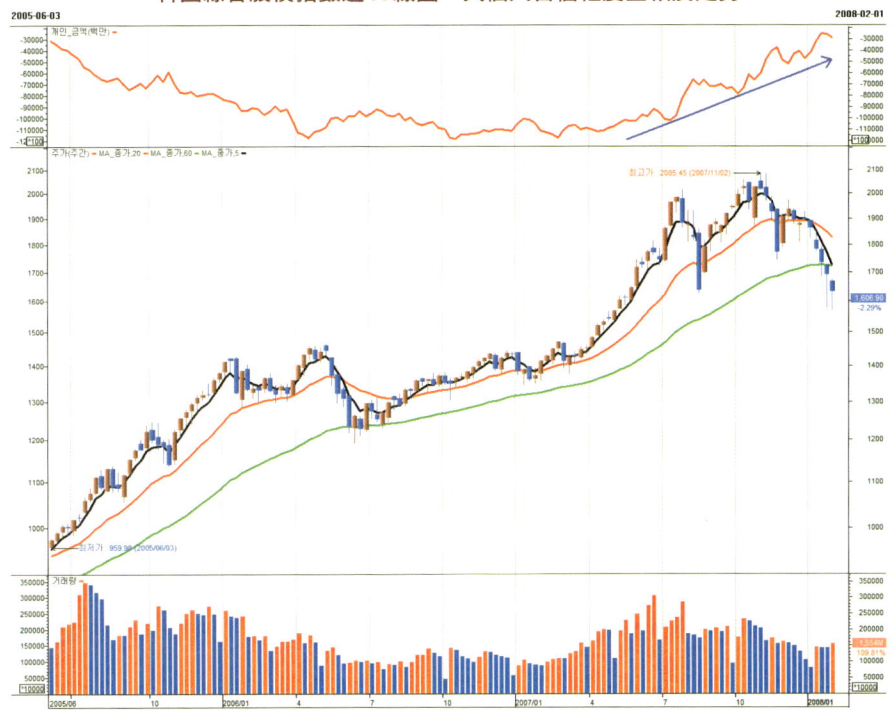

● 韓國綜合股價指數週K線圖，與個人自信程度呈相反走勢 ●

的金額。況且，如果事前設定好自己能夠承擔的虧損規模，也絕對不會有傾家蕩產的情況發生。這麼多散戶依然一再面臨破產的原因只有一個——過度自信所帶來的幻想。

從上面的那張線圖可以看到，韓國人民一直等到股價攀升到頂點，才開始瘋狂買股，但是行情卻呈現出了反走勢，已經開始走跌。

當所有人都對某件事深信不疑時，就是我們應該注意的時間點。所有人都帶著相同的信念在行動時，就是我們該反其道而行的時候。千萬不要被市場氛圍影響，導致自己過度自信。

其實，要能對市場的漲跌過度自信，這種情況並不常見。**因為市場**

本身就不透明。如果市場很透明，那麼所有人都能在股票市場上獲利了。

當人們往同一個方向靠攏，發生過度自信的狀況時，明顯代表市場的均衡已經被打破了。在我們看不見的地方，讓市場找回平衡的鬣狗已經悄悄潛入；過度自信的陣營，也開始頻頻出現叛徒。動用融資進場的投資人被迫反向平倉，再加上鬣狗們的推波助瀾，轉眼之間趨勢瞬間逆轉。在這個時候，大多數的人虧損早已擴大，失去了停損的勇氣。

不要想把市場看得太清楚，總是令人感到不安，不知道市場接下來會如何發展，是正常的狀態。

> **❶ Power Message**
>
> 過度自信就是洗劫你帳戶的罪魁禍首。市場本來就不透明，不要努力地想把市場看得太透徹。當你感覺市場一片明朗的時候，大概就是你已經過度自信的時候，也往往是被套牢在高點的時機點。

交易跟減肥的相似之處
關鍵永遠都是自己

　　在交易裡，成功者和失敗者之間的差異，不在於預測市場的技巧，而在於下注的技術與心態。從某個角度來說，交易跟減肥有著相似之處，都是明知該怎麼做，卻很難做到。

　　成功的操盤手幾乎在所有面向上，都會採取反人性的行為。事實上，正因為如此，他們才能從大多數靠本能行動的交易人身上獲利。我們來列舉一下大多數交易人會有哪些本能性的行為吧？

- ◆ 相信市場專家或追著新聞投資。
- ◆ 就算沒有出現賣出訊號也急著出場。
- ◆ 就算出現停損訊號也依然不停損。
- ◆ 盲目相信股票線圖技法。
- ◆ 埋首於基本面分析。
- ◆ 在市場過熱時買進，在大恐慌時賣出。
- ◆ 在賠錢的時候加倉。
- ◆ 在賺錢的時候因不安減倉。
- ◆ 一整天都在盯盤。
- ◆ **交易心態隨著賺錢或賠錢起伏不定。**
- ◆ 執著於過去的虧損，用盡辦法想賺回來。

- ◆ 用短淺的眼光看待市場。
- ◆ 下注時不考慮自己的資金狀態。
- ◆ 自我評量的時候,過度側重在有獲利的交易上。
- ◆ 不寫交易日誌。
- ◆ 一直關注未實現損益。
- ◆ 對自己的想法既執著又固執。
- ◆ **一旦虧損就變成長期投資人。**
- ◆ 一旦獲利就變成短期投資人。
- ◆ 熱衷於選股。
- ◆ 認為有主力企圖在影響市場。
- ◆ 想靠著討好主力從中獲利。
- ◆ 企圖預測市場。
- ◆ 不在意手續費和滑價。
- ◆ 擔心錯過這次就再也沒機會了,因此急急忙忙交易。
- ◆ 因為貪婪,無法守住已經獲利的交易。
- ◆ 覺得股價漲太高就賣出,或是不敢買進。
- ◆ 覺得股價跌太多就買進,或是不敢賣出。
- ◆ 太早賣出後內心焦躁不安,又再度進場追高。
- ◆ **不懂得適時休息、停下交易。**

　　我只把有想到的列了下來⋯⋯再列下去會沒完沒了。那麼,要如何在交易裡成功?請相信我,試著把這些本能反向操作吧。如果你們可以照著上面的清單,準確進行反向操作,就可以成為成功的操盤手。不信嗎?去試試看吧,不過執行起來當然不容易(除了少數人以外)。

「究竟以目前的市場來說，大多數人本能上會採取什麼行為？」

你能找出這個問題的答案嗎？如果你能準確找到這個問題的答案，去試著反其道而行吧。執行起來越困難，代表這個方法的準確度越高。

歸根究底，交易的關鍵就是「自我對抗」。持有比買賣更難，**暫停交易又比持有更難**。按照訊號交易比解讀訊號更難，調整籌碼又比交易更棘手。最困難的地方在於，以冷靜沉著的態度自我評價。

戰勝自我是成功的答案。

> ❶ **Power Message**
> 在交易裡，成功者和失敗者之間的差異，不在於預測市場的技巧，而在於下注的技術與心態。交易最重要的關鍵就是「自我對抗」。

Chapter 4

了解行情

透過週期
解讀行情的大趨勢

市場的型態與行情的原理
微風只能吹落葉

如果把市場裡的每一位散戶都比喻成一顆空氣粒子，那市場就是一陣風。依照風的特性，市場大致上可以區分為四種——牛市、熊市、盤整與震盪。能理解吧？

牛市指的是低點不斷持續上漲的市場，熊市指的是高點不斷走跌的市場，不需要把它們想得太難。牛市裡，做多 long position 是答案；熊市裡，做空 short position 是答案。

盤整指的是股價在高點和低點之間上上下下，但整體行情朝著水平的方向移動，這種時候空手 no position 才是答案！當然，如果你有在從事選擇權交易，也可以採用賣出跨式或勒式部位的策略。

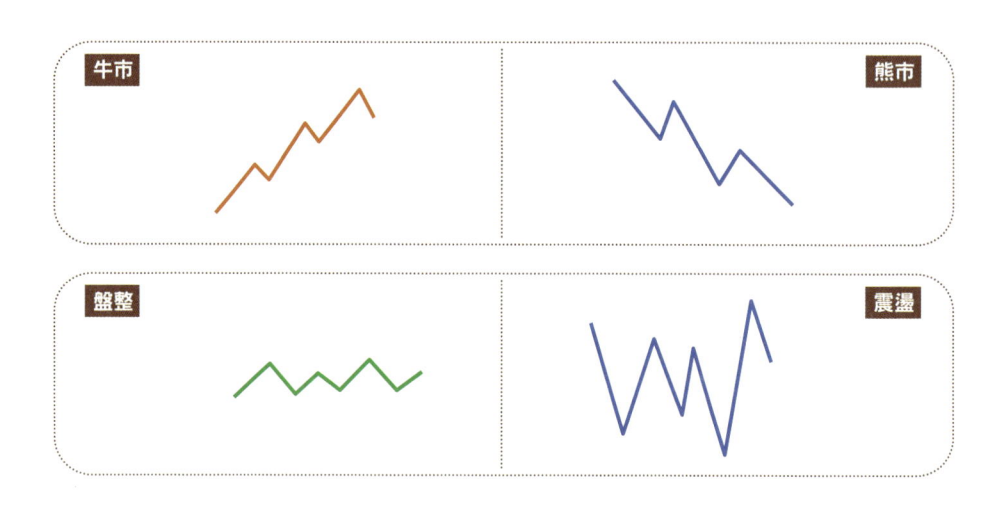

牛市	熊市
盤整	震盪

那麼，行情震盪又是什麼？如果硬要分的話，還可以分成震盪上漲、震盪下跌、震盪盤整，不過沒必要分得這麼複雜，簡單來說就是瘋狂起伏的市場，也就是在形容 2008 年 10 月到 2009 年初的市場型態。這種時候最棒的交易策略是買進勒式 Strangle Buy Position。

區分出市場的型態之後，我們可以利用交易量來衡量行情的力道。交易量多，代表空氣粒子也多，一旦風向確認了之後，強勁的風勢甚至可以把帽子吹走。但如果只是一陣微風，即便出現了方向，也只能吹動落葉罷了。所以說，我們必須在有交易量支撐的趨勢行情上，選擇強力做多 strong long 或做空。

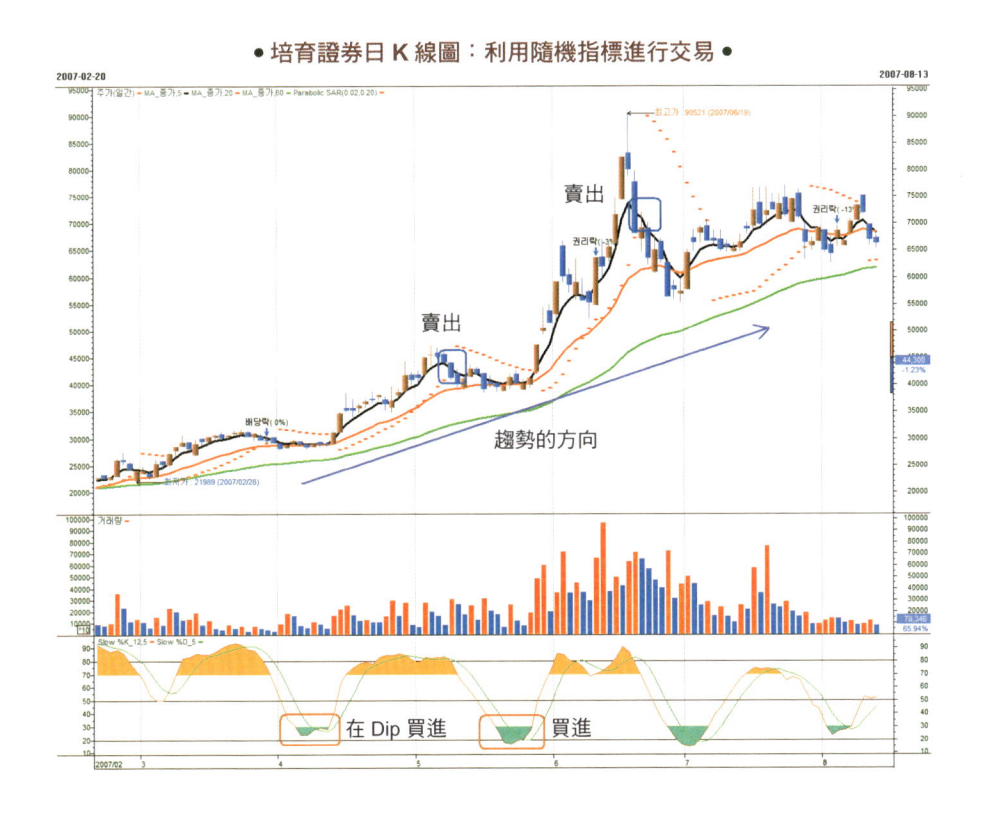

● 培育證券日 K 線圖：利用隨機指標進行交易 ●

做趨勢交易的時候，最好要按照這句箴言：「Buy on the dips and sell on the tops.」（買在低點、賣在高點）來選擇進場時機。不過每個人判斷「dips」（低點）和「tops」（高點）的方法都不一樣，沒有標準的正確答案。比如說，你可以像前頁圖這樣，利用隨機指標 Stochastic（12,5,5）把賣超區視為「dips」、把買超區視為「tops」，然後利用拋物線指標 Parabolic 設置移動停損和停利 Trailing Stop 的位置，以此處理獲利的部位，這也是一種方法。不過進場和持倉的交易策略百百種，全部都有可能是對的，所以我就不贅述了。

好，我們接著來了解一下行情的原理吧？

我喜歡用握手原理 Handshaking principle 來形容行情的原理。

握手原理指的是交易形成的當下，買方與賣方必定會同時存在的必然原理。

成交之後，買賣雙方會依照行情的走勢，陷入完全相反的心理狀態。

行情飆漲的話，賣方就像是一頭「看著狗飛上天的雞」（？）但買方則是在苦惱著，什麼時候要把這一大包風險丟給其他傻子，把「割來的韭菜」變成一疊鈔票。

賣方會產生「等價格回跌到自己出場的位置時，肯定要再上車」的心態，這就是所謂的支撐機制 Support mechanism。反之，在股票崩跌時買進的人，則會抱持著「他X的！等價格再漲回去，我至少可以回個本」的心態，而這就是所謂的壓力機制 Resistance mechanism。（參右頁圖。）

接下來，我們來了解一下移動平均線吧。它的核心概念也一樣，因為支撐與壓力原理的關係，行情依然無法擺脫過去的影響。行情走跌的時候，近期買進的人越多，壓力就越大；當行情上漲的時候，近期賣出的人越多，支撐就越強。

所以當均線處於多頭排列的時候，代表近期在 5 日、20 日、60 日線

● 外換銀行日 K 線圖：支撐的原理 ●

● 外換銀行日 K 線圖：壓力的原理 ●

之間賣出股票的人，等到行情一走跌，很有可能會再度進場；假如是空頭排列，代表近期買在 5 日、20 日、60 日線之間的人，等到行情一上漲，很有可能撈回本後就出場。懂了嗎？所以說，壓力和支撐帶的概念，代表著這類型的人越多，支撐或壓力就越強。我相信各位應該都理解了，我們進到下一個階段吧。

接下來，我們來了解一下獲利了結 profit taking 的原理吧。有個概念叫做乖離率，對吧？這個概念是在說，當行情與均線的距離越遠，就會有反作用力讓它們彼此靠攏。為什麼會這樣？因為未實現收益放大的時候，人們當然會想要讓它入袋為安啊！

這個現象牛市比熊市更明顯。有句話叫做：「暴跌是瞬間，上漲是

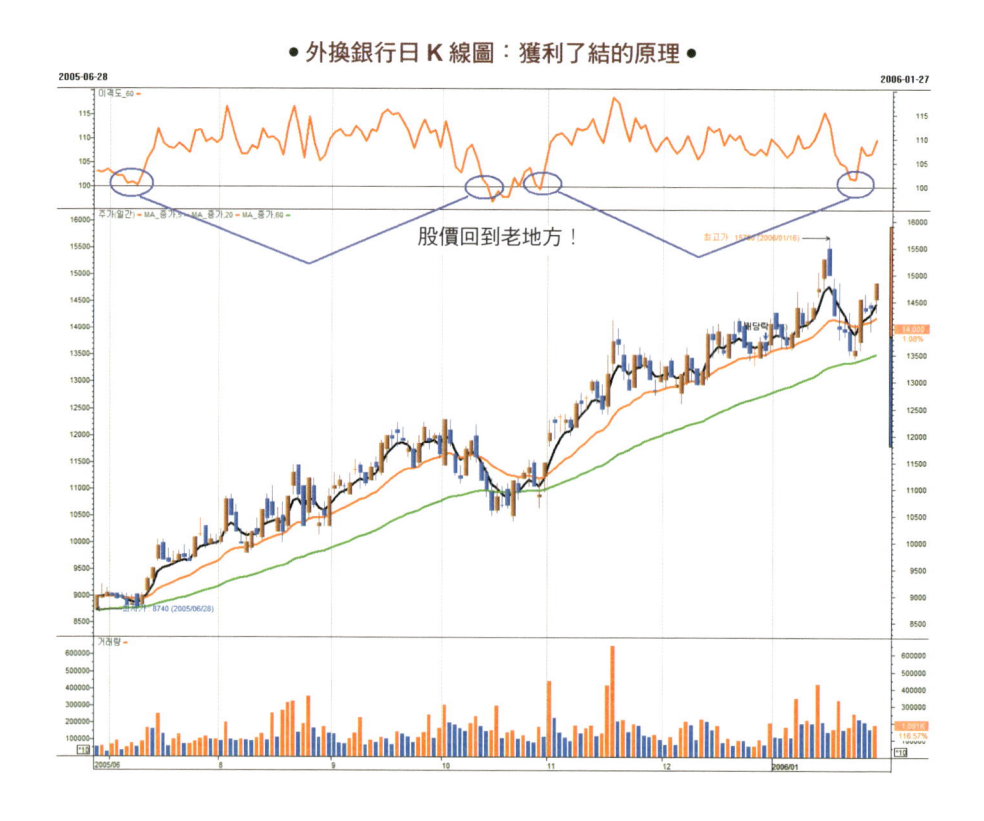

● 外換銀行日 K 線圖：獲利了結的原理 ●

永恆。」（不要去搜尋，這句話作者就是我。）近年來金融衍生市場的影響力變大了，股價下跌後所產生的乖離率，有時也會因為空單回補而產生復原的力道。但這個世界，大多數人依然以做多賺錢，所以乖離率這個概念，在牛市的時候更有用。各位只需要記得，乖離率過大，行情就必須得休息。

> **❶ Power Message**
> 市場的型態大致上可區分為牛市、熊市、盤整與震盪。牛市時做多、熊市時做空、盤整時空手、震盪時買進選擇權。

股價波動的週期
了解波動疊加的原理與基本週期

有個說法是:「這個世界是由波動組成的。」這句話確實有它的道理。波動有很多種特性,其中最核心的特性之一就是週期性 periodicity。

我們對於週期性現象非常熟悉。一個日出日落的週期,我們稱之為一天;地球繞著太陽公轉一圈的週期,我們定義為一年。我們的人生也有週期,如果不是遭逢特殊疾病或事故身亡,現代人大約可以活 70 ～ 80 年,每個世代的週期約為 20 ～ 30 年,人生在世至少可以活過兩代,最多則是四代。

海水的漲退潮有週期、餐廳顧客蜂擁而至的時間也有週期、交通壅塞也有週期。這些週期性現象充斥在我們身邊,我們非常習慣利用這些週期。

我們之所以可以活在這個世上,不會處於混亂之中,就是因為各種事件都會以週期性的方式,反覆出現在這個世界上。就是因為有這些週期,我們開始學習、開始預測未來,並以此作為基礎,來應對未來的狀況,繼續生存。

關於宇宙哲學的部分先到此為止。那麼,市場身為這世界的一部分,難道沒有週期嗎?如果只有市場是例外的話,那也太奇怪了吧。市場當然也有所謂的週期。

例如,大多數的基金都會在月初開始買進股票,並在月底賣出。所以行情大致上來說,月初較強、月底轉弱,當然,這是建立在沒有事件影

響行情的前提之下。除此之外，以一年的週期來說，基金為了粉飾櫥窗 window dressing，會在年底加強買進，因而造成年底效應（作帳行情）。

觀察期貨市場的變動，你可以發現波動在白天較大、晚上較小，因為前一晚發生的所有事件，都會一鼓作氣反應在上午的行情上。（如果期貨市場變成 24 小時制，那就很值得關注股價會發生什麼變化。）

基本上要在股票市場上判斷股價波動週期，要測量價格軌跡低點與低點之間的間隔。為什麼不測量高點與高點之間的間隔？原因在於，低點通常比高點更尖銳、更容易測量；而且低點向左右移動的情況也相對較少（關於這點，後續會在提到）。

下圖我已經把低點和低點之間用拋物線連接起來了，為的是讓各位一目瞭然，掌握股價波動的週期

正如各位所見，每一個波動的山谷形狀都很尖銳，但山峰處卻相對平緩。

這種在山谷的位置進場的策略，被稱為「回檔低接」（高檔放空則是在高點進場，兩個是相同的概念）。回檔低接是一種利用市場週期非常有效率的方法。

波動可以用下述這種情況疊加，這就是我們在物理學課上學過的波動疊加原理。朝相同方向的振幅會互相增強，相反方向的振幅會互相抵銷。

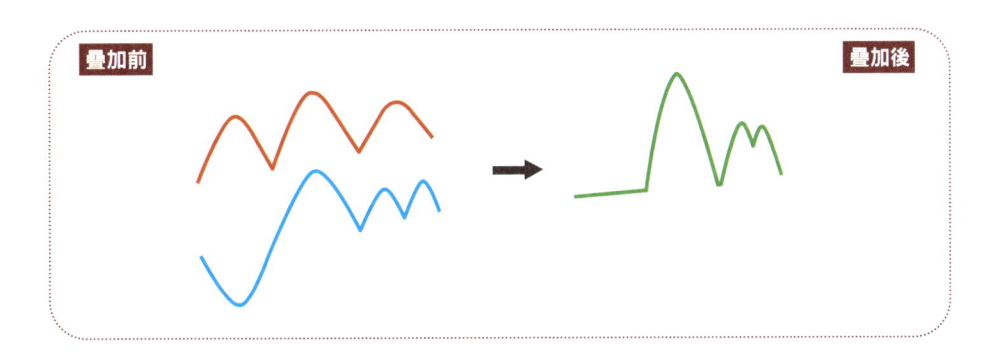

● SK 海力士日 K 線圖：股價波動的週期 ●

從某方面來說，股價波動也許是由許多不同類別的波動疊加而成的結果吧。曾有人基於這個理論，把股票波動的數據拿去進行傅立葉分析 Fourier analysis，試圖分析出不同類別的波動。至於結果如何？^^；留給各位想像吧。

假如我們可以解構出組成股價波動的所有波動類別，我們就可以預測股價了。由於傅立葉解構出來的所有波動類別，都屬於正弦波和餘弦波，如果我們用相同的週期把這些波動向未來做延伸，並且彼此疊加，不就可以得知未來的股價了嗎！

不過很可惜，我沒有聽說任何人能夠成功完成這項嘗試。話說回來，我們來了解一下實戰中，股票市場上有哪些基本週期 basic cycles 吧？

- 康得拉季耶夫 Kondratieff 週期（54 年）
- 朱格拉 Juglar 週期（10 年）
- 基欽 Kitchin 週期（2～6 年）
- 四季循環（1 年）
- 交易循環（1 個月）

康得拉季耶夫週期應該跟我們沒什麼關係吧？要整整 54 年只會發生一次。

下圖是 1980 年到 2009 年 7 月的 KOSPI 指數。

靜下心觀察線圖，我們首先會發現 10 年一個循環的朱格拉週期吧？

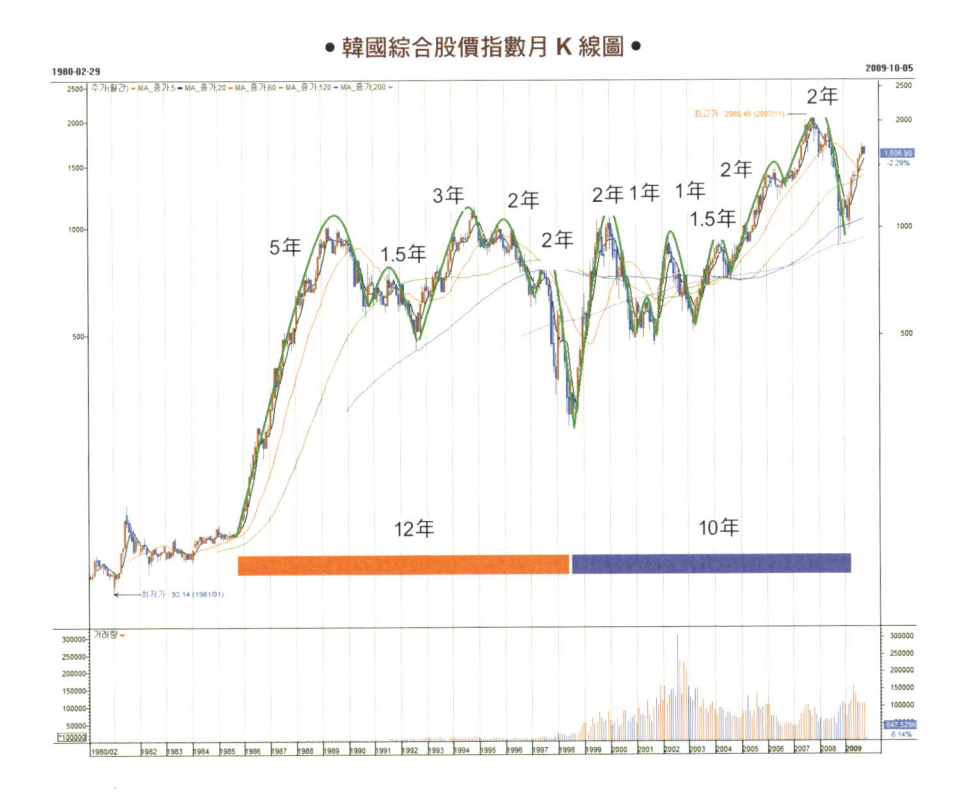

● 韓國綜合股價指數月 K 線圖 ●

透過週期解讀行情的大趨勢 · 123

朱格拉週期是基於設備投資所產生的週期。接下來是約 2～5 年左右會反覆發生的基欽週期。基欽週期是基於存貨週轉而產生的現象，會受到貨幣供給、利率變化、物價變動等因素影響。下一張線圖的年尾粉飾櫥窗效應，應該非常明顯吧？

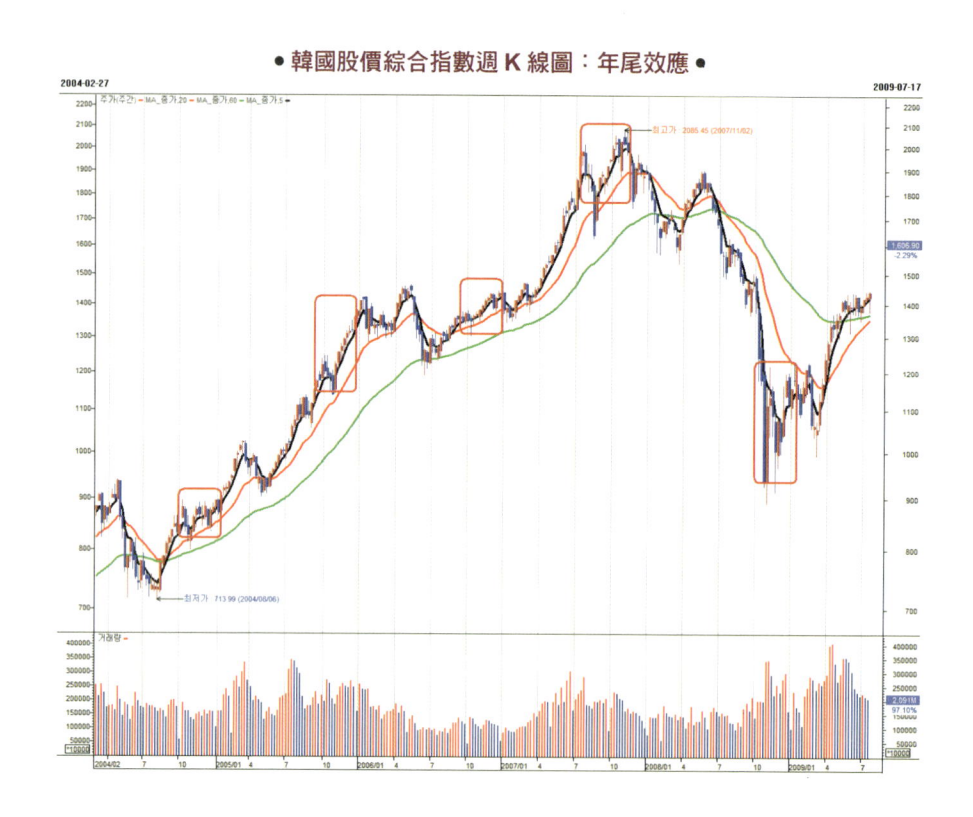

● 韓國股價綜合指數週 K 線圖：年尾效應 ●

我們來看一下最後一個交易週期吧？

從右頁上方的線圖裡，大致上可以看出月初的行情比較強勢吧？

從週期理論的角度來說，泡沫和恐慌是由多種波動類別的高峰與低谷交錯而成的。簡單來說，泡沫是由各種利多交錯而成；恐慌是由各種利空同時交匯而成。

● 韓國綜合股價指數日 K 線圖 1：月初行情強勢 ●

● 韓國綜合股價指數日 K 線圖 2：月初行情強勢 ●

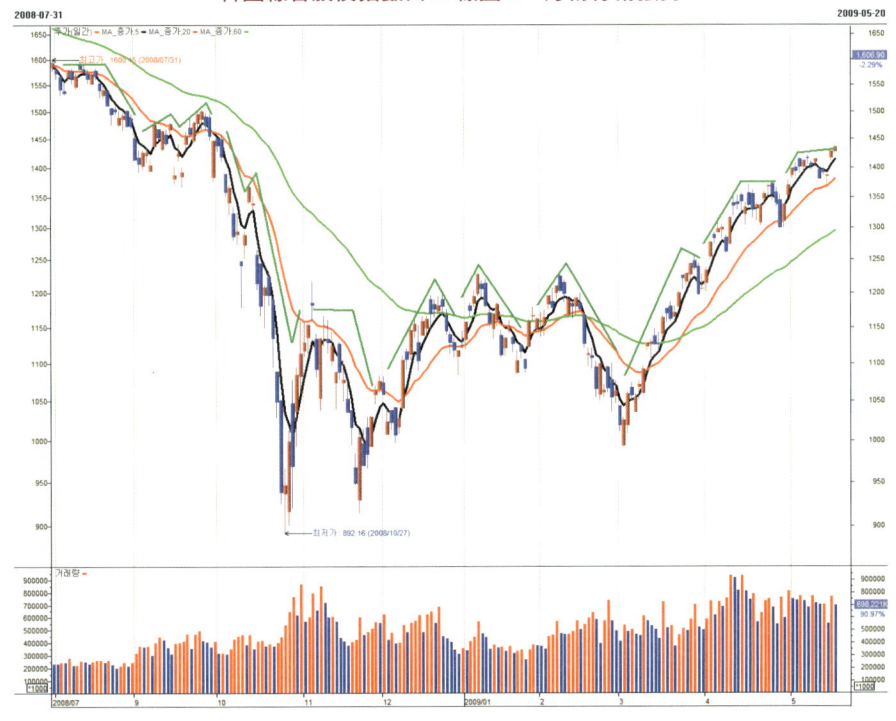

下圖是恐慌發生的週期，週期是各類波動週期的最小公倍數。

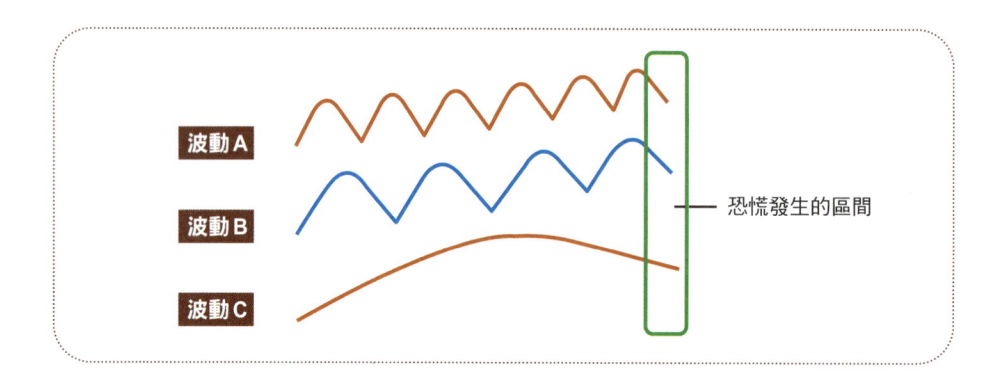

波動A
波動B
波動C
恐慌發生的區間

各類波動週期的最小公倍數重疊時，會加強下跌波動的動能，製造出快速下跌的波動。如果這個理論為真，那麼我們還能從中得出哪些真相呢？

沒錯！

恐慌發生的時候，代表行情即將觸底。為什麼？因為各類波動會在低點齊聚一堂，然後又各自重新出發，重新開始新的疊加週期。

很奧妙吧？不過觀察泡沫和恐慌的觀點有很多種，請記得，這只是眾多觀點、假設、理論之中的其中一種。

❶ Power Message

了解股價的基本週期，對於理解整個行情整體走勢而言非常重要。如果努力去判斷這些基本週期會如何表現在當前的股票線圖上，將有助於我們做好準備，迎接大行情的到來。

股價的左右轉移
了解漲跌的高峰

股價波動的低點與低點之間的週期，可信度非常高，但是股價的高峰常常會從中心點出現左右轉移 transition。在上漲的時候，高峰通常會向右側推進；但是下跌的時候，則會反向發展。

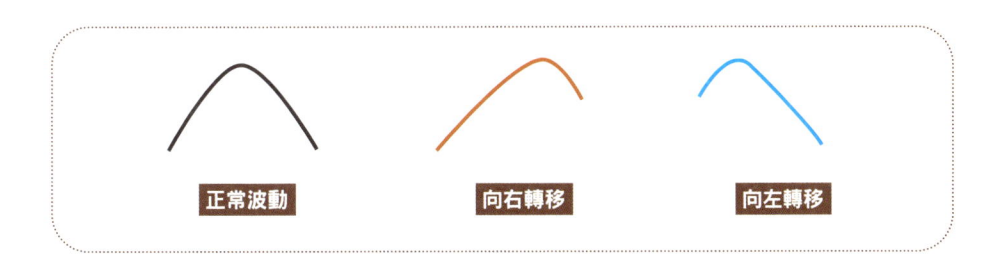

正常波動　　向右轉移　　向左轉移

股價轉移的現象要怎麼應用在實戰投資上呢？

很簡單。**股價上漲的時候，如果股價在高峰應該出現的位置上仍繼續走揚，代表股價會持續上漲，處於上升趨勢**。反之，如果股價上揚時，股價在高峰不應該出現的位置上形成高峰，很有可能代表趨勢即將轉跌。

讓我們透過實際的線圖來觀察一下吧？

以出現在 11 月的正常波動作為標準，12 月波峰應該出現的時間點，股價仍繼續上漲，暗示了這次的波動屬於上升波動。反之，1 月底和 2 月底波峰出現的時機點比預期更早，預告著趨勢即將轉跌。

很簡單吧？

● K 海力士日 K 線圖：股價轉移 ●

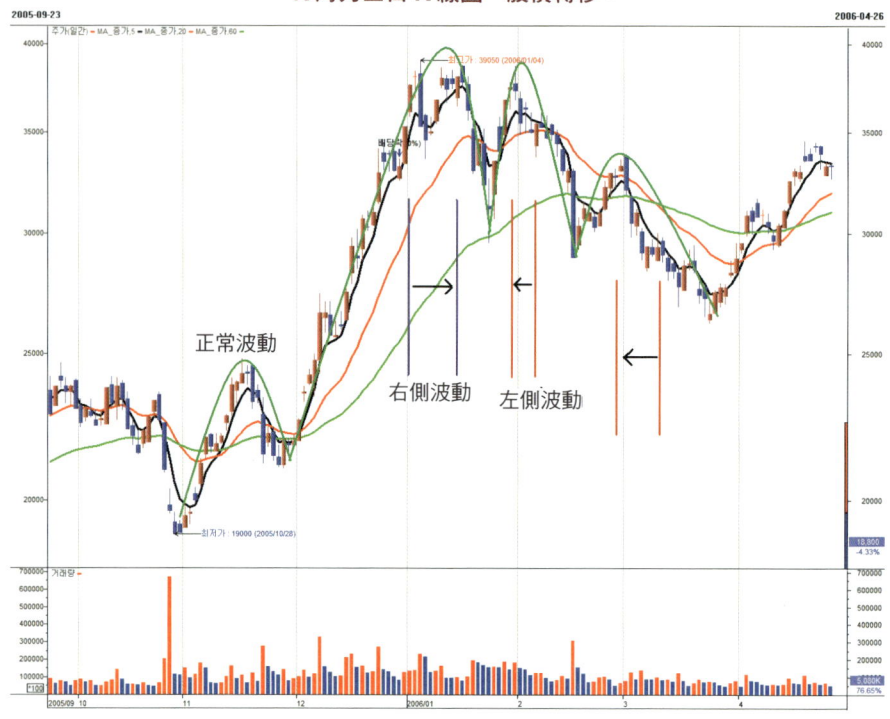

正常波動　　右側波動　　左側波動

　　關於這一點，我喜歡用「感受波動的脈搏」來形容。我曾經一度很好奇，資深投資人無法言喻、利用「直覺」來判斷行情的方法到底是什麼？跟他們聊過天之後，我漸漸開始了解，原來這奇妙的「感覺」與波動的脈搏有關。

　　經驗老道的投資人會配合趨勢的脈搏，調整自己的節奏。所以他們有著某種直覺，在股價上升到某個地方時，就覺得接下來會進入盤整，或是股價會開始反彈。他們的特性就是，一定會立刻參與行情，共襄盛舉。反之，在還不應該轉跌的位置，如果行情突然轉跌，他們就會感到莫名不安，提前賣出股票，而且這個位置往往都是行情的高點。

股價的左右轉移很重要，這也是我親自跟很多資深交易人聊完之後，總結出來的其中一個重要原理。而他們也可以透過這樣的談話，觀察出他們那份未知的「感覺」實際上源自於哪裡。

　　補充說明一下，我們也絞盡腦汁討論過，為什麼這種偏移現象可以預測趨勢的延長或轉折。我們初步的結論是，當股價在應該轉折的時候沒有發生轉折，代表賣壓已經被消化得差不多了。此時如果股價沒有發生轉折，在這個位置上做空的人會因為斷頭被強制平倉，反而加強原有的漲勢。反過來說，在不應該轉折的位置上，股價如果出現轉折，表示持倉的人急著拋售，而這種緊急的賣壓通常事出有因。

　　其實，我也不知道真正的原因是什麼，但我的經驗告訴我，股價轉移的現象，可以對交易帶來不少幫助。

> **❶ Power Message**
> 高點應該出現的位置上，如果漲勢延續，行情很有可能會持續維持上漲；在低點不應該出現的位置上，股價如果轉跌，很可能代表漲勢已經結束。

波動發生的原因
關注市場的過度反應與修正反應

　　股價為什麼會發生波動？

　　沒有很難吧？市場參與者進出場的循環造就出了波動。**投資觀點各有千秋的投資人，以不同的週期反覆進出市場，形成了各種類型的波動類型，這些波動互相疊加，就形成了我們實際所見的股價循環。**

　　進出場挾帶的流動性越多，波動的幅度就越大。也就是說，當市場資金過剩，人們一瞬間蜂擁而至，然後又在一瞬間出場的話，就會完成一個偌大的泡沫。反之，如果沒有人關心市場，波動幅度就會縮小，小到甚至難以區分出行情的週期。

　　市場參與者之間的相互作用，在泡沫的誕生與消滅中，扮演著非常重要的角色。市場上永遠都存在著兩個群體，一個是只喜歡撿便宜、不喜歡買貴的人，另一個是追隨行情趨勢的趨勢交易人。前者有助於行情回歸均值，後者有助於行情脫離均值。以程式用語來說，前者會產生負回饋，後者會產生正回饋。各位應該清楚了吧？

　　從右頁的第一張圖我們可以看出，隨機震盪的振幅如果以一定比例放大的話，會發生什麼現象。

　　由於市場存在正回饋與負回饋，才會發生超調 overshooting、調整不及 undershooting 和盤整的現象。

　　我們來透過實際案例，了解一下行情是否真的會發生超調或調整不

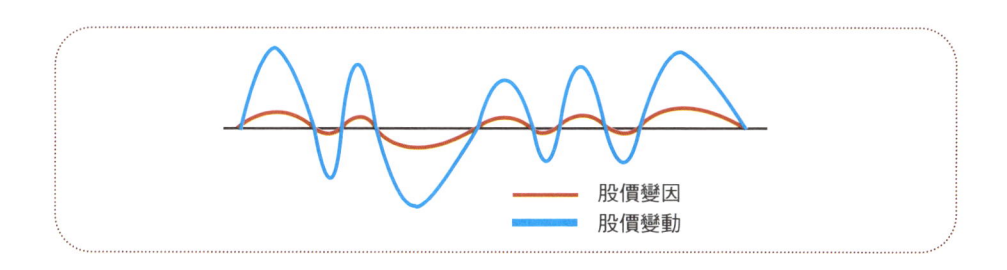

股價變因
股價變動

及的現象吧。我們會以 2009 年北韓核子試爆作為參考，因為這個案例比較好理解。

2009 年 5 月 25 日上午 11 點 36 分，新聞發布北韓可能進行核試驗。

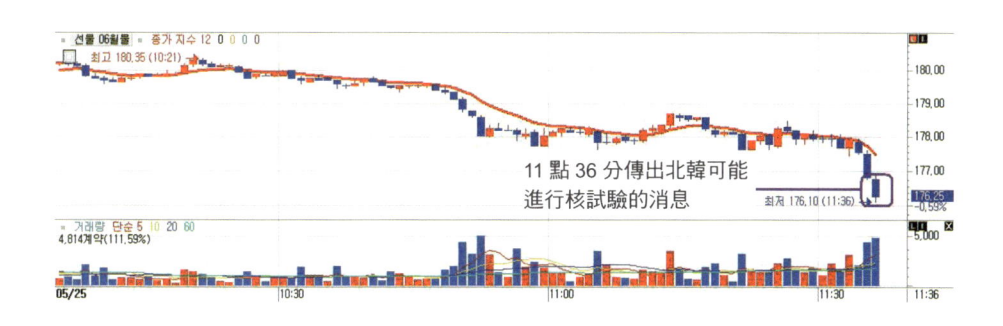

11 點 36 分傳出北韓可能進行核試驗的消息

消息傳出後，期貨指數突然崩跌。

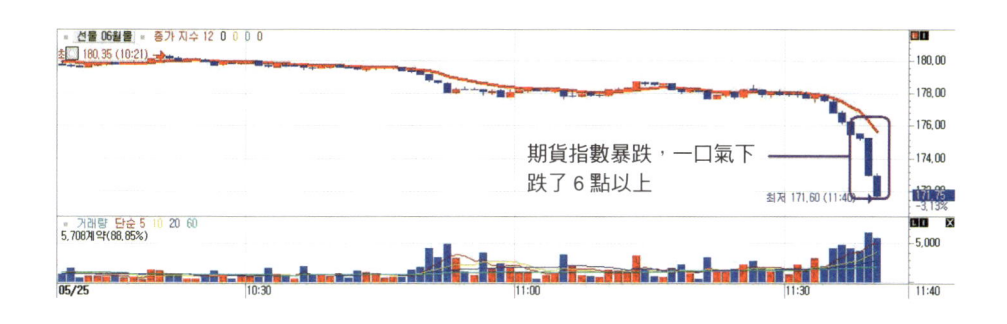

期貨指數暴跌，一口氣下跌了 6 點以上

跌勢不斷，指數下跌到了 171 點（下頁圖）。

透過週期解讀行情的大趨勢・131

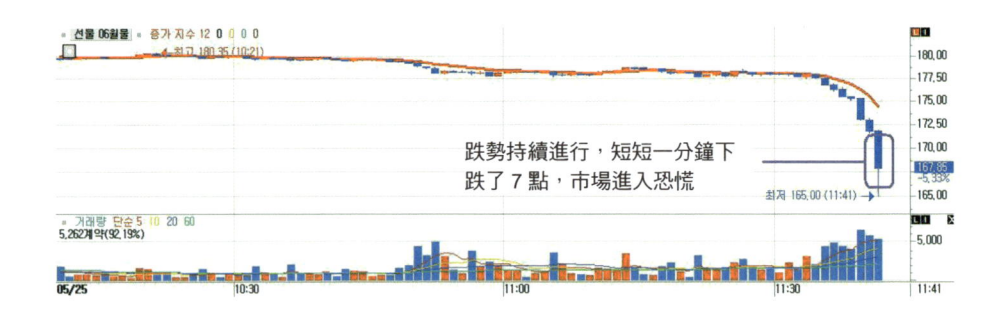

跌勢持續進行，短短一分鐘下跌了 7 點，市場進入恐慌

價格最終碰到 165 點，拉出了下影線，恐慌行情上演。但是我們必須觀察後續的走勢。

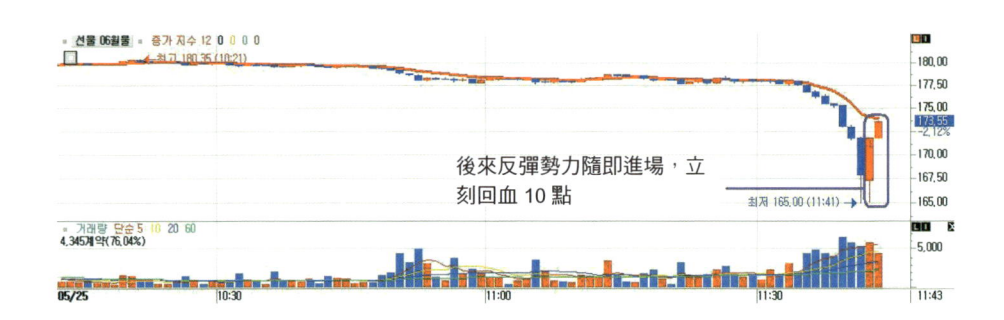

後來反彈勢力隨即進場，立刻回血 10 點

期貨指數一舉扳回跌幅。

最後綜觀總結一下。

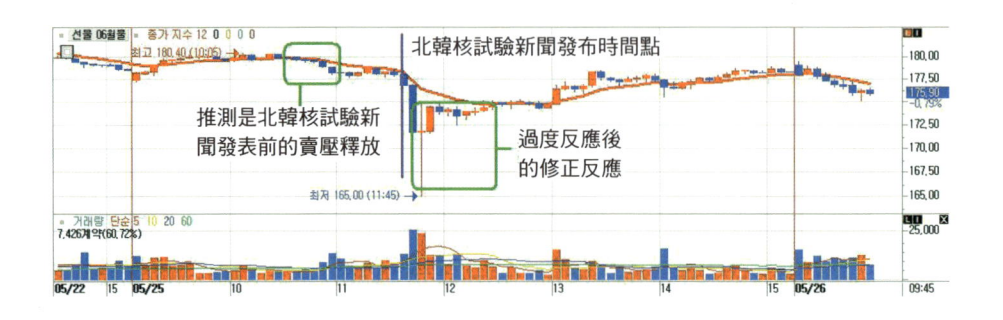

北韓核試驗新聞發布時間點

推測是北韓核試驗新聞發表前的賣壓釋放

過度反應後的修正反應

從這個例子，我們可以了解到市場是如何放大北韓核試驗這個造成股價波動的利空因素吧？

有趣的是，在這個過程中會形成趨勢，也會帶來獲利的機會。
那麼，我們來思考一下要如何利用這種市場特性獲利吧？
以下有兩種方法：

◆ 在股價過度反應的時候，參與過度反應的趨勢，並在趨勢轉換之前先行平倉。
◆ 在股價過度反應後，參與市場修正回歸平衡的過程，等股價找回平衡時進行平倉。

雖然這兩個策略看起來不同，但它們的獲利都來自於市場的過度反應和修正反應所形成的趨勢之中。

> **① Power Message**
> 過度反應和修正反應會造就股價波動，提供我們可以飽餐一頓的趨勢。至於你的獲利來自於哪個部分，取決於你參與的是過度反應或是修正反應。

當市場無風無浪的時候
為即將到訪的大趨勢做好準備吧

大家要知道一件很重要的事，這世界上有很多變化，都不像表面看到的那樣循序漸進，而會在某一天突然間爆炸式的發生。

我不曉得各位有沒有這種經驗。讀書讀了一百天，實力好像也不見起色，但是堅忍不拔持續學習，某一天卻突然「靈光乍現」，一瞬間理解了這段時間所學的一切，也就是所謂的「茅塞頓開」。你有過這種經驗嗎？我在學生時期解數學題的過程，常常有這種體驗。困難的問題想了一個小時也想不出答案，但只要不放棄，不斷梳理頭緒，堅持不懈，就會在某個瞬間看見曙光。

當變化在看不見的地方被孕育，並且在某個臨界點 critical point 爆發的現象，被科學家稱之為相變 phase transition。例如，水從 0 度加熱到 100 度之前，都維持在液體狀態，但是超過 100 度之後，會在一瞬間相變為氣態。反之，水在常溫時雖然為液態，不過一旦溫度下降到 0 度以下，就會突然相變為結晶體，成為「冰塊」。

我長年觀察股價走勢，我懷疑市場上也會出現類似的現象。在行情大爆發之前，市場有時會處於無風無浪的狀態，但從表面上看來，市場似乎毫無變化。

但是，**變化會在這份平靜中被孕育**。當籌碼從盲從的投資人手中，轉移到有主見的投資者手中，市場的不穩定性會減少，價格進入長期盤

● 韓國綜合股價指數週 K 線圖 ●

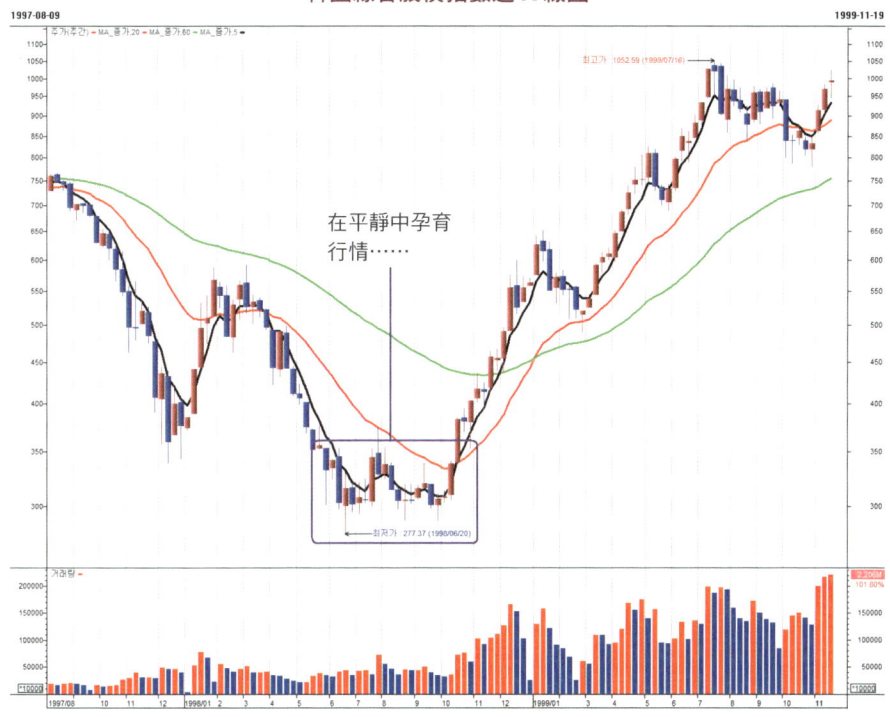

在平靜中孕育行情……

● 現代建設日 K 線圖 ●

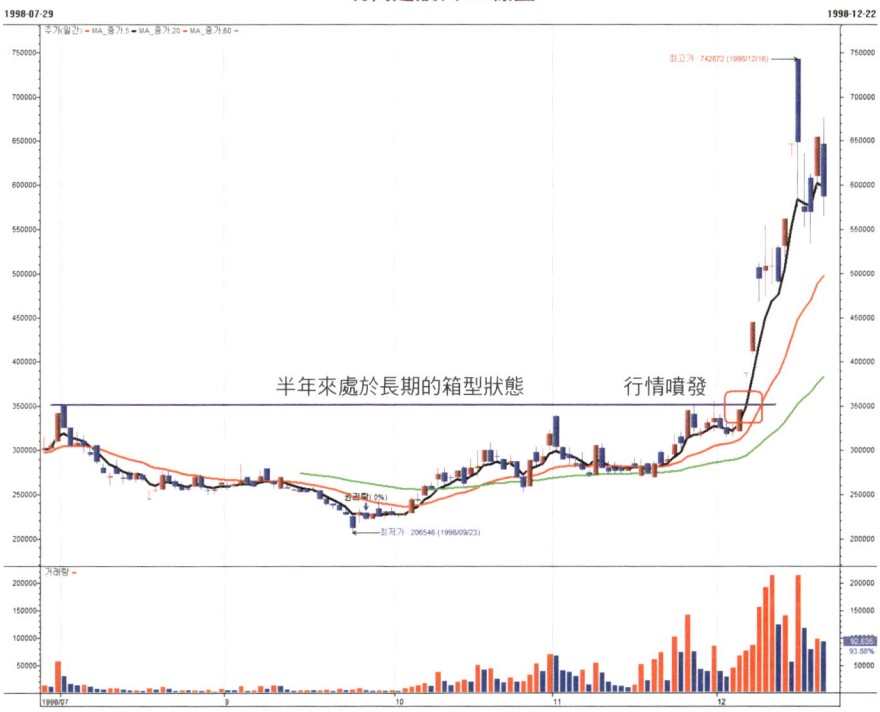

半年來處於長期的箱型狀態　　行情噴發

整,逐漸形成暴漲的條件。

等市場達到某個臨界點,賣方消失,行情就會突然爆發,交易量暴增,進入爆炸性的趨勢。

當市場風平浪靜的時候,就要做好準備,迎接即將到來的大趨勢。我們無法得知這個平靜的狀態什麼時候會結束,所以要冷靜沉著、保持毅力,等到市場的臨界點來臨為止。如此一來,我們的夢想才能實現。

> **❶ Power Message**
>
> 市場風平浪靜的時候,就準備好面對即將到來的暴風雨吧。即使市場表面看起來平靜,但背後卻在為重大的改變默默布局著,等到某個瞬間,臨界點一到,就會出現超乎我們想像的大爆炸。

操盤的主力
他們真的存在嗎？

說到「炒作股」啊⋯⋯。

對此你有什麼想法？每個大韓民國的散戶，應該都對炒作股懷抱過夢想吧，我也不例外。我也曾經一度相信，市場上存在著操縱行情的主力，只要跟他們搭上同一條船，就能海撈一筆。這種思維有50%是對的，但也有50%是錯的。

市場上確實有操縱行情的主力，但他們完美操縱行情的情況很罕見。因為行情的變數本來就非常多，想要完美控制行情，其實根本不可能。再加上若想操縱，內部人士就必須齊心協力，所以成功的機率又更低了。

近年來，我發現有很多人把外資當成是透過金融衍生市場，在背後操縱韓國市場的巨大主力。外國的避險基金確實常常瞄準新興市場的金融衍生市場，以此參與韓國市場，但他們並不一定只勝不敗。最具代表性的例子是，2008年韓國股市崩跌時，許多避險基金選擇做多，但行情暴跌持續的時間卻超乎他們的預期，選擇權期滿的時候，行情依然不見起色，導致他們面臨了天文數字的鉅額虧損。

當然，之後他們依然堅持重新建倉做多，在行情大反彈的時候大賺了一筆，但我們依然不能忽略，他們曾在市場崩跌時遭遇過重大虧損。

市場上肯定總是有想操控市場的主力。他們透過衝擊市場，製造市

場的群眾效應,然後再反向利用這一點,從市場中獲利。這種利用大額資本操盤的手法已經行之有年,經常被應用在新興市場上。但是別忘了,使用頻率越高,這個方法的失敗率也越高。

總而言之,市場上不可能有單一主力,能夠完美地按照他的想法操縱市場,這才是正確的認知。市場凌駕在所有投資人之上,不管再頂尖的高手,只要稍微大意,還是會被市場教訓。這也是為什麼,我們永遠都應該保持謙遜。

散戶因為是市場弱勢,所以才產生了受害者心態,認為市場上總有一個龐大的主力能盡情操控市場,掠奪自己的資金。

這種思維不只出現在韓國,過去在美國,傑西・李佛摩曾因為做空,被指控成帶頭擾亂市場的主力,為此飽受困擾。股價崩盤時,賠錢的散戶甚至還寄了寫滿髒話的信件給他。

我覺得自己賠錢還去怪主力的人,是這世界上最沒出息的人。不是啊,你會賠錢是你的貪婪所致,怎麼會是主力的錯?如果你只會怪別人,那你就應該離開市場。除此之外,那些想搭主力的順風車一起賺錢的散戶,早晚有一天會跟著這些炒股的主力一起沉船。

關於投資炒作股的幻想⋯⋯我個人希望,各位可以放棄這件事。就算不用這種非法的方式,市場也有很多可以賺錢的方法。

到目前為止,我不厭其煩一直強調趨勢,是因為趨勢才是以正當方式賺取最大獲利的途徑。

行情到底是什麼?簡單來說,市場多方與空方交戰的過程會形成趨勢。每當股價下跌的時候,多方就會買進股票;每當股價上漲的時候,空方就會賣出股票,在這個過程中就會發生壓力和支撐。在這個拉鋸戰裡,如果牛或熊打贏了一段時間,就會形成上升趨勢與下跌趨勢。

各位要記住一件事,牛市裡有熊,熊市裡也有牛,只不過牠們被對

方陣營所壓制，一直處於下風而已！趨勢的背後，隱藏著我們無法抵抗的力量。（趨勢持續的時間越長，當大眾放棄這個趨勢的時候，轉換的速度無疑會變得更快。）

此外，趨勢持續的時間，都比大多數人想像中來得更長。只要市場上還存在希望股價下跌的多方（潛在買方），股價就會持續在每次修正時反彈！

不是主力在操縱行情，而是行情在操縱主力。沒有任何主力能夠長期贏過市場，我們必須了解，行情本身就是創造行情的原理。

別再繼續陷入無謂的受害者心態了，去研究行情的波動和推動行情的動力吧！追求不切實際的高額收益，反而可能因過度貪婪而引發災難。希望各位可以基於現實，善用趨勢交易策略。像炒作股這種東西，根本不值得你多看一眼。

> **❶ Power Message**
> 不是主力在操縱行情，而是行情在操縱主力。沒有任何主力能夠長期贏過市場，我們必須了解，行情本身就是創造行情的原理。還有，放下想投資炒作股的幻想吧。

透過週期解讀行情的大趨勢・139

技術分析
真的可行嗎？

　　投資人無可避免，必須仰賴技術指標來建立交易策略。這導致許多投資人，開始傾向於盲目相信技術分析。

　　但是技術分析不是萬能的，想憑藉歷史的股價軌跡來完整預測未來的股價，這種觀點絕不可能成立。**假如各位使用技術分析時，沒有先意識到這些局限性，反而會適得其反。**

　　舉幾個例子吧。

　　當長紅K線出現的時候，股價多半會轉跌為升或持續上漲。真的是這樣嗎？讓我們來看一下右頁上方的線圖1。

　　鮮紅的長紅K線，帶著驚人的交易量，股價大幅上漲。再加上股價突破高點的壓力線，只要稍微學過線圖分析的人，看到這個景象，都會預測這檔股價接下來會大幅上漲。

　　再來看一下後來的走勢，也就是右頁下方的線圖2。

　　股價崩跌的程度簡直慘不忍睹。每位線圖分析師都會把「帶量的長紅K線」解釋為上漲的訊號，但在這裡它並不是上漲的訊號，而是股價觸頂的訊號。

　　那麼接下來呢？

● 三星 SDI 日 K 線圖 1 ●

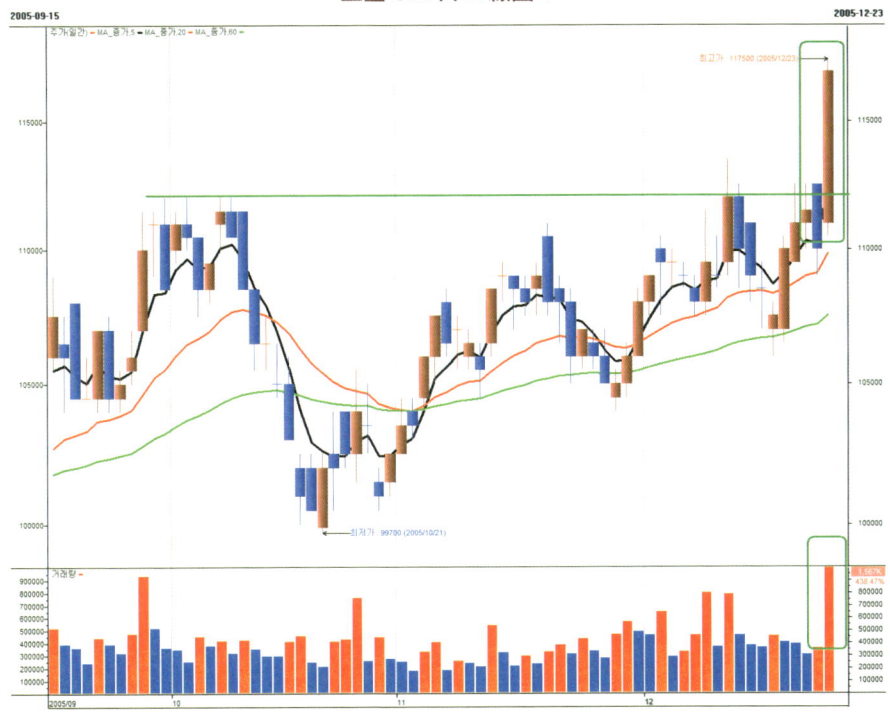

● 三星 SDI 日 K 線圖 2 ●

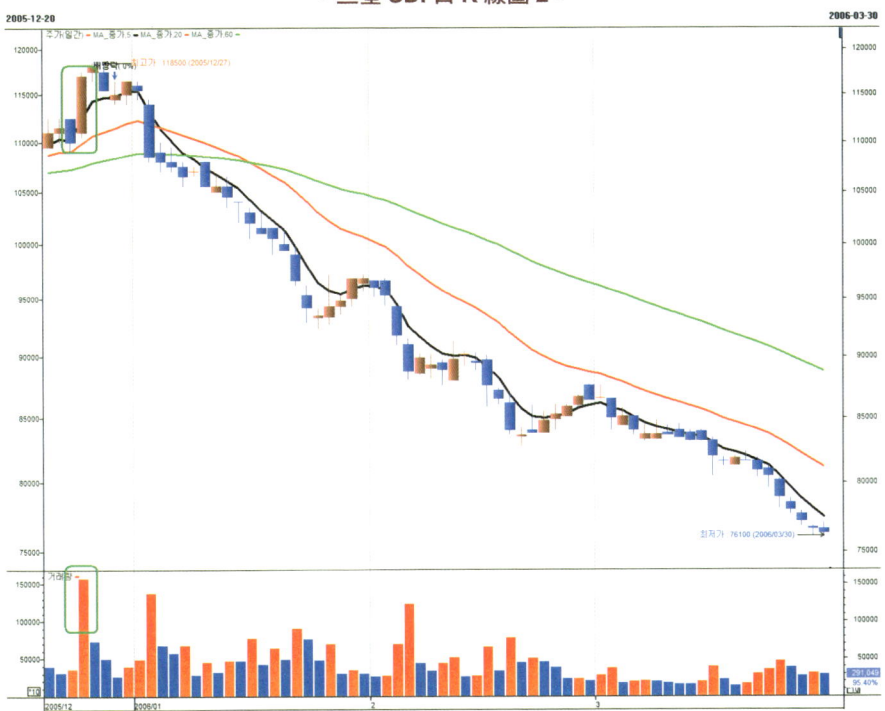

● 三星 SDI 日 K 線圖 3 ●

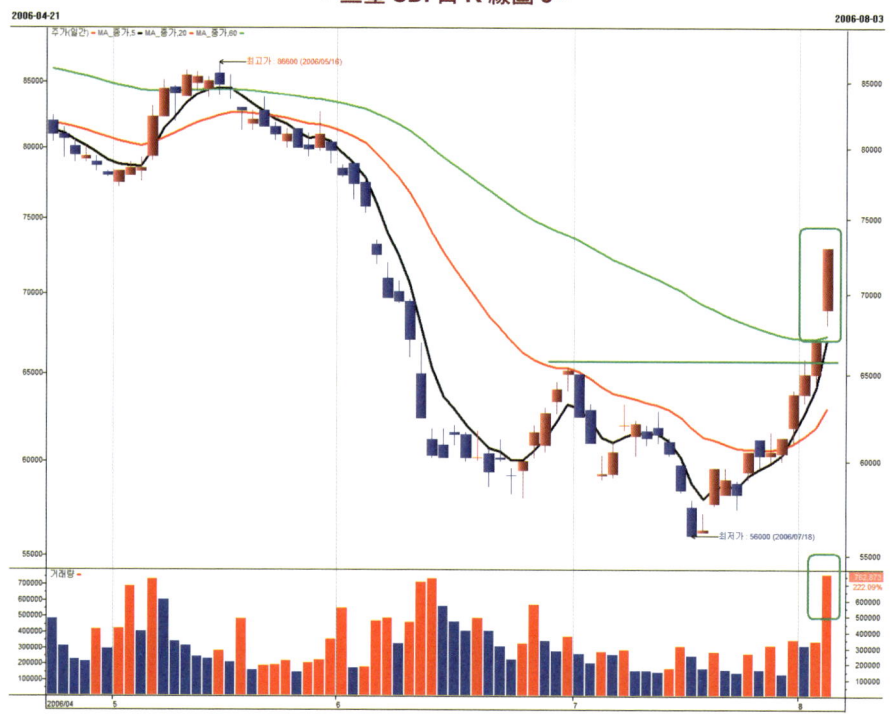

● 三星 SDI 日 K 線圖 4 ●

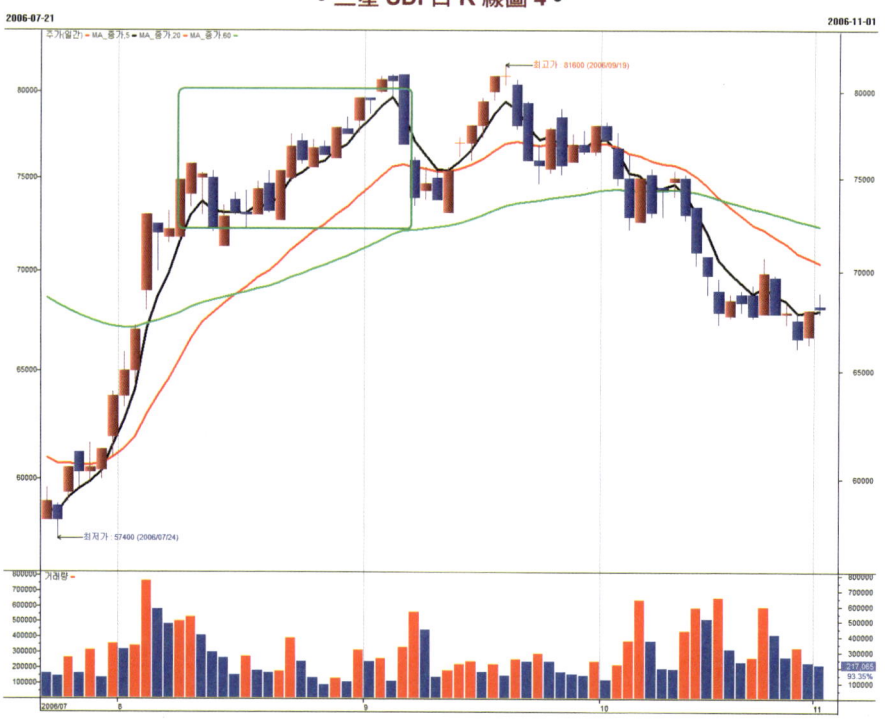

從左頁上方的圖 3 可以看到，這次股價又以帶量的長紅 K 線突破前高。這是上漲的訊號嗎？

沒錯，這次股價開始上漲了（見左頁下方的圖 4）。

長紅 K 線有時候是高點的訊號，有時候又像教科書上說的，是上漲的訊號。那麼長紅 K 線是有價值的訊號嗎？

長紅 K 線雖然有關注的價值，但如果直接把長紅 K 線都解釋成上漲訊號，那可是會出大事的。盲目崇尚技術分析的人應該會說：「這年頭哪有人還只靠分析單根 K 線來投資的？」我們再來看看另一個例子吧？

從下圖可見，股價高點的位置出現了頭肩頂 head & shoulder，後續股價跌破頸線 neckline，而且剛好交易量出現爆量。照這樣看來，股價不久

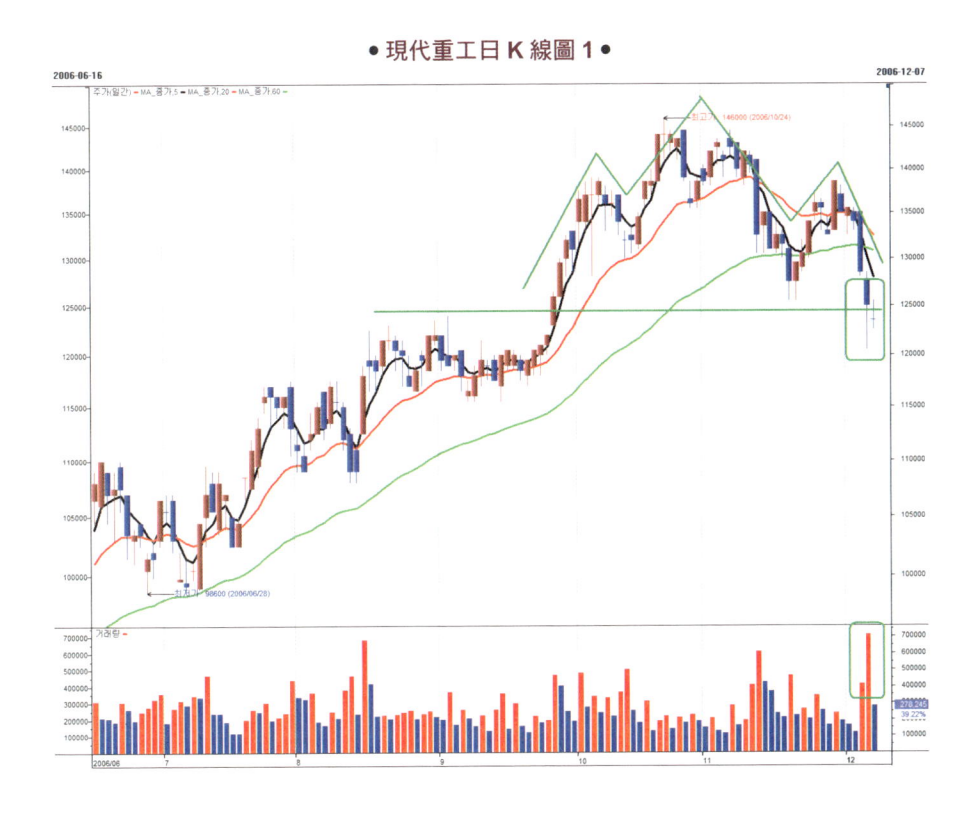

● 現代重工日 K 線圖 1 ●

透過週期解讀行情的大趨勢・143

後就會崩跌了，對吧？

從下圖可見，結果後來股價進入盤整。

天啊！這原來不是出場訊號，而是發大財的訊號啊！

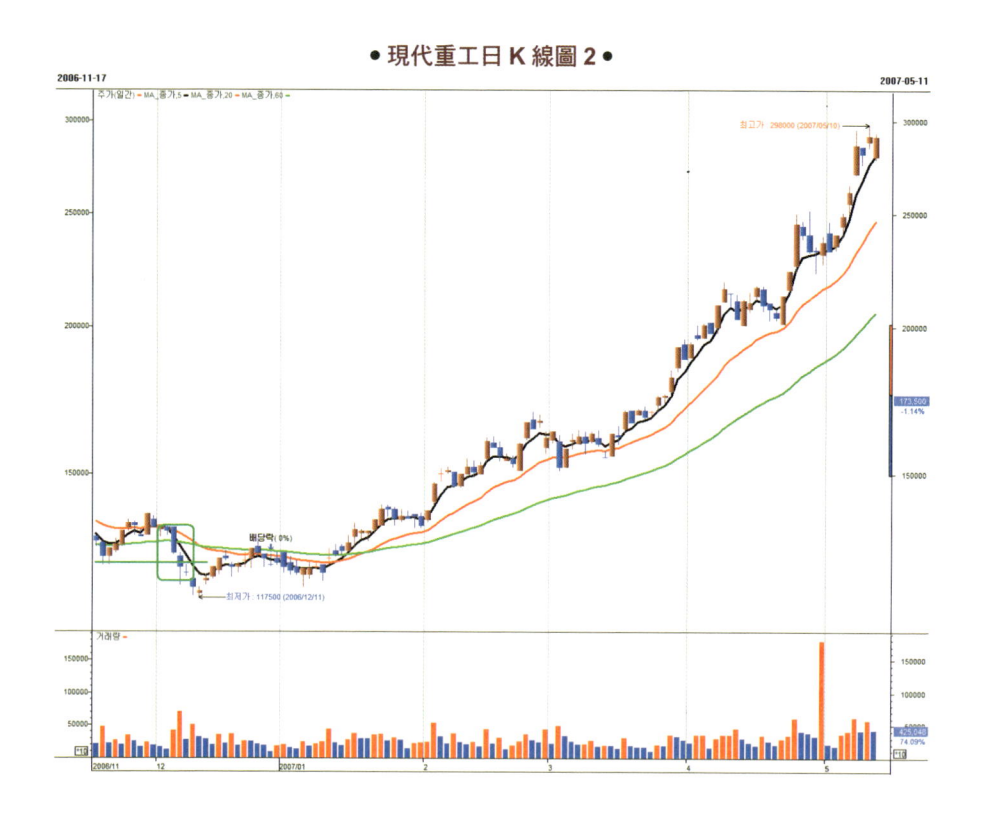

● 現代重工日K線圖2 ●

我們再來看另一個例子（右頁上圖）。

股價長期下跌，但下跌的趨勢線帶量向上突破，這是不是預告著跌勢即將停止，要開始轉跌為升了呢？

從右頁下圖看來⋯⋯並不是吧？

像這種技術分析的錯誤案例，要舉都舉不完。考慮各種市場脈絡，雖然有助於降低技術分析的錯誤，但即使這麼做，這世界上也不存在可

● SK 海力士日 K 線圖 1 ●

● SK 海力士日 K 線圖 2 ●

以完美預測股價走勢的方法。

　　交易人雖然可以參考技術分析，但也要認知到技術分析有它的極限，要懂得如何靈活應對市場的變化。

> **❶ Power Message**
> 技術分析絕對不是萬能的。身為操盤手，雖然要了解技術分析，但同時也要認知到技術分析有其侷限性。也就是說，我們必須知道如何靈活運用技術分析。

Chapter 5

專業的實戰策略

順勢而爲

建立交易計畫
真的能照著計畫走嗎？

實戰策略很簡單。雖然分析行情很重要，但是買賣的重點在於，我們能否照著計畫交易。

最適合新手的交易方式是，照著系統的訊號，機械式地以小額進行**買賣。別想著一開始就要賺錢**。反正你也賺不了多少，與其如此，還不如先訓練自己，以排除交易過程中可能會發生的錯誤。

我來介紹一個適合各位練習的交易策略吧。

◆ 買進：當股價向上突破 20 日均線
◆ 賣出：當股價向下跌破 5 日均線

請在多檔股票上，花幾個月的時間，只按照這個方法操作看看吧。
一定要去嘗試。如果你可以幾個月以來，真的都只按這個策略進行交易，就表示你擁有成為優秀操盤手的資質，但你恐怕很難忍受這件事。你問我為什麼知道？呵呵，因為我試過啊！

你知道我剛開始跟我的老師學交易的時候，他要求我做的第一個練習是什麼嗎？股價連漲三天就買、連跌三天就賣。這個策略真的很瘋狂，但是這個練習真的很值得。

這個策略有讓我賺到錢嗎？當然沒有啊！不過這種練習方式，真的

會教會我們很多事情。各位去試試看吧，一定要嘗試這種閉著眼睛交易的感覺。

等你練熟了之後，再從日 K 線圖換到分 K 線圖上，繼續執行吧。這種訓練可以培養我們的冷靜沉著與爆發力。接下來，請每天發揮自己的創意，建立投資策略，然後練習去執行。睡前看完線圖之後，再擬定明天的交易計畫。

「嗯……今天股價已經來到前高點附近了，如果明天股價有突破前高點，就買進吧，然後一路持有到 5 日均線向下跌破為止。假如買進股票之後，股價從前高點下跌 2% 以上，就立刻停損。但如果股價無法突破前高點，那就再繼續觀望吧！」

用這種方式，每天上床睡覺前，先決定好隔天的交易策略，然後隔天一定要執行前一天的交易計畫。

為什麼機械式執行交易的能力很重要？如果要用一句話回答這個問題，其實就等同於為什麼軍隊需要軍事訓練一樣。戰爭的勝敗會受到很多因素的影響，但想要取勝，最基本的條件是士兵必須聽令於指揮官。雖然說，就算士兵服從命令，但指揮官如果是個笨蛋，還是會輸掉戰爭；不過不管指揮官再優秀，戰略再好，只要士兵不服從指揮官，那都是徒勞無功。

你的創意和靈活變通，應該發揮在設計策略的時候，而不是實際參與市場的時候。不論是誰，只要進入市場，都會變成短視近利、只會對眼前可見的行情做出反應的一次元生物。

❶ Power Message

先練習建立策略、遵守策略吧。不管你擁有再多知識點，如果

順勢而為・149

> 無法好好執行你建立的計畫,就無法成為一位成功的操盤手。訓練自己進行機械式交易,是身為操盤手的基本盤。

從進場到出場的基本策略
買在陽線、賣在陰線

　　機械式交易已經訓練到某個程度之後，接下來就要思考進場策略了。

　　進場前要先了解趨勢，然後再掌握盤整的時間點。股價盤整回檔時進場是交易策略的基本盤，往往能創造出最好的成績。

　　現貨市場上，在盤整時進場，又被稱為回檔低接。這個技法其實充斥在我們身邊，據我所知，回檔低接是最好的進場策略之一。

　　首先，**為了判斷趨勢，請先觀察股價是否有突破壓力線或支撐線**。不過我不推薦各位在股價突破的過程中進場，因為大多數情況下，股價隨時都可能進入盤整，因為股價必然會有波動（股價確實偶爾會在應該回檔的地方持續上漲，這代表股價的高峰正在往右側轉移，可以考慮追高買進）。

　　技術分析中，我個人最重視的就是掌握波動的節奏，因為波動絕對有節奏。而且有的時候，在行情轉換的時間點，波動節奏就會改變。股價看似毫無章法，但仔細觀察下，會發現它其實有週期律動。當然，只有睜大眼睛認真看的人才看得到。

　　好，接下來我們來結合趨勢交易與逆向思考吧？

　　Dips on a rally（上漲拉回）是指股價在上漲的過程中突然走跌。這種時候，散戶通常會因為恐懼而拋售持股；但專業操盤手反而會在此時

逆向思考，把它視為進場的大好機會。

如果 dip 發生在股價對應的節拍上，股價很有可能從這裡開始反彈。但買進的時候，千萬不能以為只要股價出現 dip 就必定反彈，一定要等到陽線出現再買進。此外，當 dip 跌破前低點的時候，那個就不叫做 dip，叫做下跌趨勢。

永遠只能在陽線上買進，在陰線上賣出。用 K 線的術語來說就是，最好的進場位置是，黑 K 棒出現後，K 線圖出現多頭吞噬型態的紅 K 棒時；最好的出場位置是，紅 K 棒出現後，K 線圖出現空頭吞噬型態的黑 K 棒時。

找到好的買點很重要，因為當我們一進場之後，股票就會產生未實現收益，不僅會帶給我們心理上的安全感，也更利於我們設定停損單。當然，有些不在意初期未實現損益的趨勢交易人，當股價突破時，他們不會等待股價回檔，而是會立刻上車。以海龜交易法聞名的交易人理查．丹尼斯就是採用這種方法。雖然這件事沒有正確答案，但以我個人的經驗來說，如果可以一開始就選擇能帶來未實現收益的位置進場，各方面來說都對我們更有利。

出場策略取決於操盤手自身設定的時間架構。

選擇在股價回檔時進場，以吃一波小型漲幅為目標的短期操盤手，最好在股價動能減弱的時候，立刻停利出場。特別是，如果股價動能在波動週期一半做右的時間點開始減弱，這個位置很有可能就是這波小型漲幅的高點。

如果你想要吃到由一個以上的小型波動所組成的趨勢，最好使用移動停利與停損策略。換句話說就是，你可以使用拋物線指標來設定移動停損 parabolic trailing stop，或者是把趨勢線或移動平均線交叉的位置，用來

當作出場的信號。但是，使用這種出場策略時，必須要先設計好回場的策略，以因應股價不久之後又立刻站回出場線的情況。

如果是想要吃下所有長線趨勢的操盤手，建議使用被稱為吊燈出場chandelier exit（或稱吊燈式追蹤停損）的出場策略。就如同我先前所說明的，這個方法是在股價從最高點下跌一定的百分比後（或是賣空時，股價從最低點上漲了一定的百分比時）進行平倉的方法。有時候我們也會用 ATR（真實波動幅度均值）來取代百分比。例如：當股價相較最高點，滑落了 1.5 ATR，即進行平倉。

溜溜球出場策略 Yoyo exit 也是被廣為使用的出場方式之一。這個方法是以最新的收盤價為基準點，當股價的趨勢波動朝反方向擴大時，就進行平倉的方法。這個方法雖然很不錯，但缺點是，如果股價在沒有大幅波動的情況下發生趨勢轉換，會導致出場的時間點嚴重落後。

坦白說，出場策略沒有正確解答。重點取決於，你要利用波動的節奏，在最高點或最低點出場，或是要捨棄在最高點或最低點出場，追求長期獲利的最大化。

停損大致上可以分成相對停損策略或絕對停損策略。相對停損策略中，最常見的就是當股價對比進場成本，虧損達到一定比例時停損。由於停損點會由進場位置所決定，所以被稱為相對停損策略。

還有另一種方法，不在乎進場的位置，把停損點設定在股價明顯跌破支撐線的位置，被稱為絕對停損策略。

前者可以在一開始就可以大幅限制風險的範圍，不過缺點是在波動較大的趨勢下，可能過早平倉。後者的優點是不容易平倉，在趨勢波動較大的過程中，可以把收益最大化，但缺點在於如果被錯誤的訊號所誤導，必須承擔超出必要以上的停損成本。

當未實現收益累積到一定程度的時候，我們必須把停損位置提高到

成本價,這被稱為保本單 breakeven order 。

總結來說,進場之後要設定好停損點,當未實現收益累積到一定程度時,要把停損點提高到成本價,做好防範,讓自己在最壞的情況下也不會發生虧損。

或許有人會指責,保本單會導致頻繁交易。不過反正賣在成本價,也沒什麼好失去的,等到趨勢開始上漲,再重新上車就好了。

> **❶ Power Message**
>
> 等我們判斷好趨勢,股價出現回檔的時候進場,是最基本的進場策略。雖然有些情況下,我們不會等股價回檔,而是會選擇直接進場追高,但這麼做的同時也會放大風險。出場策略要根據時間架構來決定,停損策略大致上可分為相對停損與絕對停損策略。但最重要的是,嘗試各種策略,然後按照自己的喜好和當下的情況選擇合適的策略。

判斷行情的方法
多多運用週 K 而不是日 K

交易策略可以粗略分成兩種，一種是在股價上漲時買進，在股價下跌時賣出，也就是我至始至終都在推薦的「趨勢追蹤策略」。另一個策略是，在股價便宜時買進，昂貴時賣出。貴和便宜，這兩個字雖然有些模稜兩可，但總而言之，就是在股價比過去某個時機點便宜時買進，上漲之後再賣出。

這兩種類型當中，都存在著各式各樣的交易策略，我們很難去評論誰比誰更優秀，不過長期來說，單純仰賴技術指標，在低點買進、高點賣出的策略，表現會比趨勢追蹤策略更遜色。我所謂的「單純仰賴技術指標」，要排除「在低本益比時買進、高本益比時賣出」這種策略。因為這種策略已經涵蓋到了基本面，並沒有單純只仰賴技術指標。

趨勢追蹤策略的特徵是，在非趨勢期間容易虧損，但能夠在趨勢期間內獲利。所以說，趨勢追蹤策略非常適合趨勢期間占比較高，或是趨勢波動較大的市場或股票。反之，買低賣高策略的特徵是，在非趨勢期間內獲利，但是趨勢期間內可能錯失獲利的機會，或者承受虧損。

趨勢追蹤策略大多時候都能取得優異的表現，換句話說，大部分的市場或股票發生波動的時候，都會出現大幅震盪的傾向（當然還是有些市場或股票不是如此）。

請各位接受，這世界上不存在萬能的投資策略。如果你想成長為一位優秀的策略大師，這是最基本的知識。所有策略的效果好壞，取決於行情和景氣。倘若策略跟不上行情，就會虧大錢。剪刀雖然可以贏布，卻打不贏石頭。爸爸在兒子面前雖然強勢，但在媽媽面前卻是弱勢；然而兒子在媽媽面前又很強勢。

所以說，不管建構什麼策略，都要先判斷行情。我們該怎麼判斷行情呢？其實這也沒有正確答案，不過本書裡，我會簡單介紹我所使用的方法。

判斷行情的時候，我個人會使用週K線圖。因為週K線圖上的訊號，比日K或分K線圖上的訊號更可靠。我在線圖上使用的是12週移動平均線。判斷行情的方法非常簡單。

- ◆ 當股價向上突破12週均線時，是為上漲行情。
- ◆ 當股價向下跌破12週均線時，是為下跌行情。
- ◆ 當股價向上突破12週均線，但是在10根K棒之內又再度轉跌，代表為盤整行情。

真的很簡單吧？讓我們來看幾個例子吧？

右頁上圖是很典型的盤整行情。股價突破12週均線，但是在10根K棒內又再度向下跌破。最終，均線會像一根竹籤一樣，貫穿股價軌跡的中心。

右頁下圖是上漲與下跌行情交替出現的樣子。究竟用這種方式區分上漲和下跌的行情，實際上有用嗎？

● KOSPI 200 週 K 線圖 1 ●

● KOSPI 200 週 K 線圖 2 ●

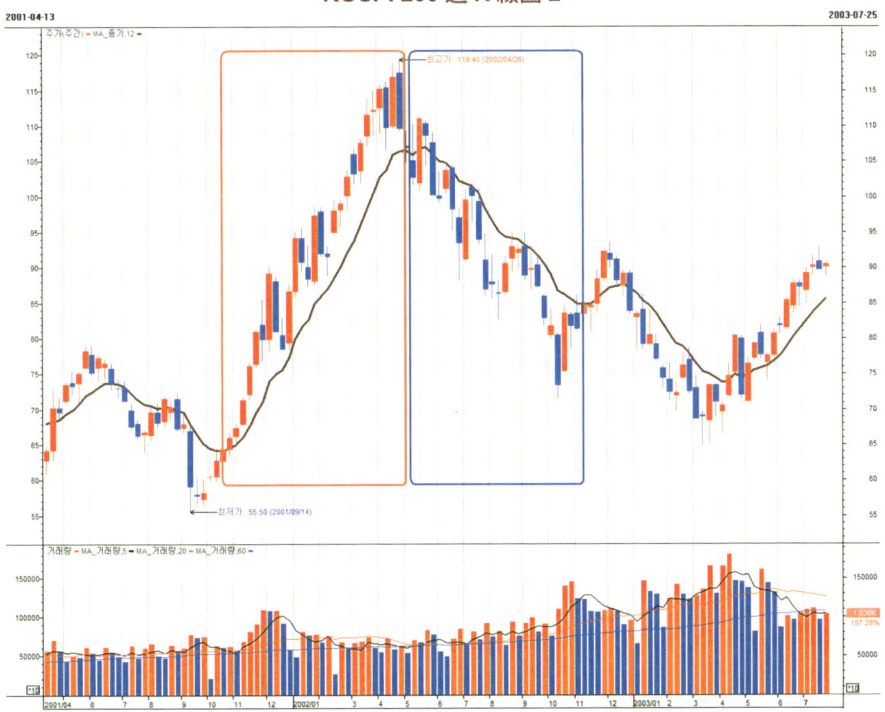

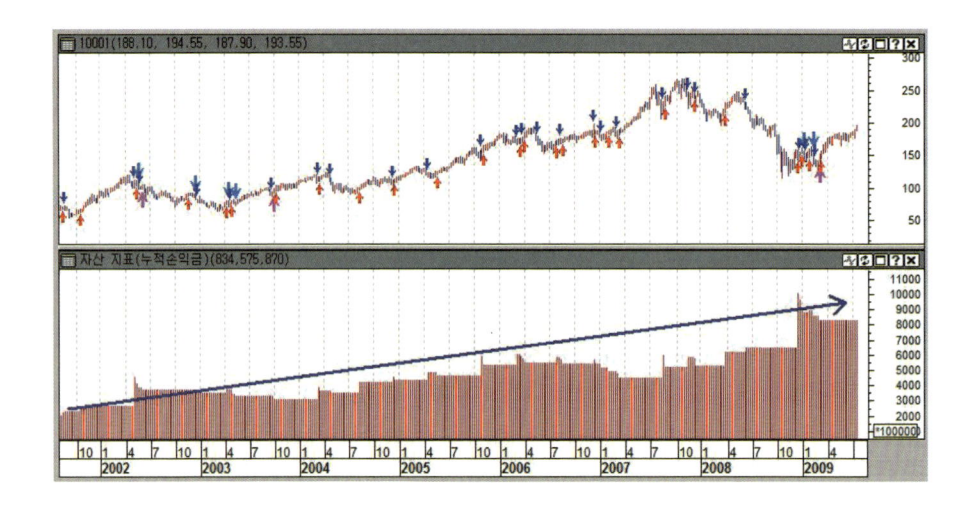

從上圖我們可以看到在期貨指數週 K 線圖上執行 12 週 K 線圖交叉策略的成果。

累積獲利曲線在穩定地成長，對吧？根據我的經驗，這個方法判斷行情非常有效，而且又很簡單。也許有些人會好奇：相同的方法，可不可以應用在日 K 或分 K 圖上？

簡單用一句話回答就是：日 K 以下的線圖，不適合這種單純的區分方式，請不要隨意使用。想要判斷行情，就使用週 K 線圖吧。

> **❶ Power Message**
>
> 判斷行情的方式雖然沒有正確答案，不過利用 12 週移動平均線作為中心點判斷股價的位置，是很簡單的方式之一。要先了解行情，再根據行情設定適合的交易策略，這世界上不存在可以在所有行情中獲利的萬能策略。

掌握波動性
判斷市場品質的關鍵

通常牛市的初期，波動會放緩；在熊市或牛市的最後階段，波動又會放大。簡單來說就是，**股價剛開始上漲的時候會慢慢漲，等到行情快結束的時候，往往會出現上漲時大漲、下跌時大跌的情況。**

我認為散戶常常在牛市被排擠的決定性因素，很可能是因為大勢上漲的行情往往會慢慢上漲，但散戶們偏愛猛地向上爬的大紅 K 棒，所以散戶們爭先恐後進場時，大多都是波動性已經加劇的末升段了。

對於有在操作選擇權的散戶來說，掌握波動性至關重要。在行情波動放緩的情況下想靠著買進選擇權獲利，十之八九都會慘賠！選擇權本來就應該買在高點和低點附近，或是在熊市時進場。如果非得要在盤整或是牛市購買選擇權，賣出選擇權會是更聰明的選擇。衡量波動性有各種不同的指標，但其中最被廣為實用的是 ATR Average True Range。

從下頁的線圖 1 可以看出，股價上漲的初期，ATR 會呈現下跌或橫盤的狀態。所以散戶往往不知道牛市已經到來，而被拒之門外。此時，市場主力正一點一滴地收購著股票。

從綠框中我們可以看到，股價盤整的時候 ATR 會上漲；從紫框中我們也可以看到，在末升段的時候，ATR 也會增加。

● KOSPI 200 週 K 線圖 1 ●

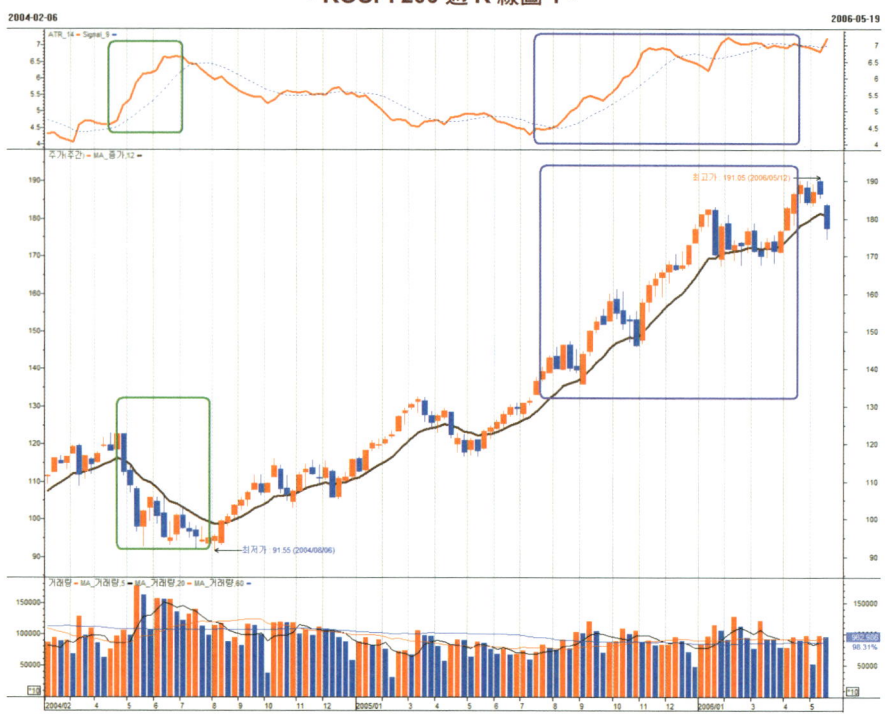

● KOSPI 200 週 K 線圖 2 ●

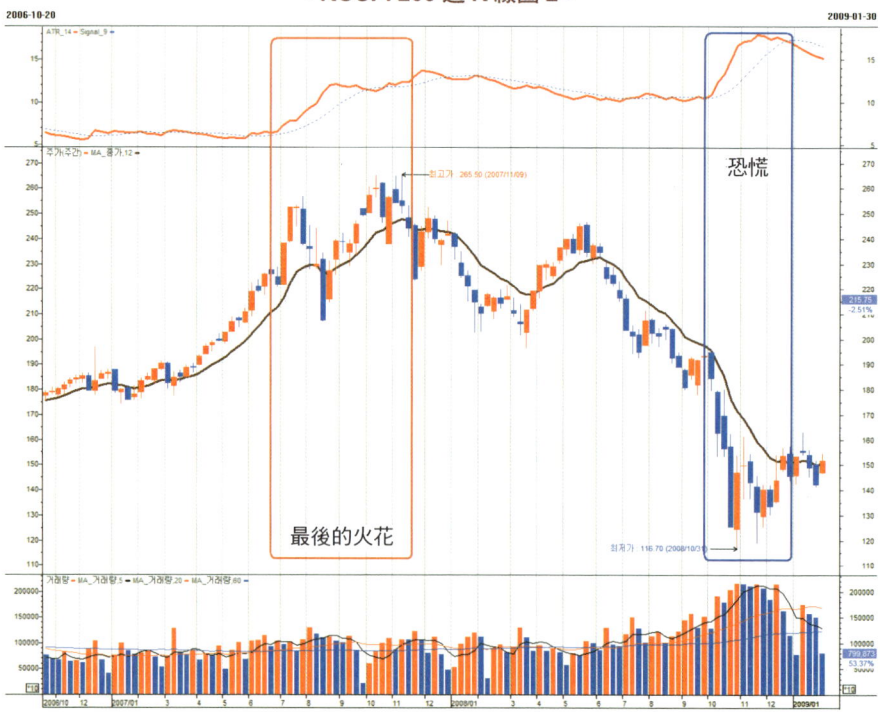

恐慌

最後的火花

而從左頁的線圖 2 可見，ATR 會在股價的高點或低點附近大幅上漲。在這種趨勢扭轉的區間，散戶們會像發瘋似地買賣股票，令人深感遺憾。

散戶在判斷行情的時候，不太習慣同時考慮市場的波動性。然而事實上，掌握波動性才是判斷市場品質的關鍵因素。

以一般情況來說，波動性越大，波動的壽命就越短。從長期的觀點來說，波動就像是一條橡皮筋，漲多少就會跌多少、跌多少就會漲多少。所以說，快速上漲的股價，很有可能也會快速下跌。

對市場主力來說，急遽上漲的變動性是很好的魚餌，可以釣到很多散戶。如果他們想長期收購股票，沒必要一邊抬高市價一邊收購。他們反而會盡可能用最無聲無息、不受市場關注的方式，慢慢拉抬股價。

我最喜歡的想法是：每當市場出現一根長紅 K 棒，就會有很多散戶衝進市場！反之，如果上漲跡象微乎其微，散戶們就毫不在意！

對於選擇權交易人來說，沒什麼比掌握變動性的週期更重要了。因為選擇權說到底，就是一場和變動性與時間的戰爭。變動性加劇的時候，買進選擇權較為有利；波動放緩的時候，賣出占絕對優勢。

請養成隨時把波動性納入考量的習慣，波動性也是市場的變數之一。

❶ Power Message

> 大勢上漲初期的變動性較小；大勢上漲的尾聲或熊市時，變動性往往較大。大幅波動往往是市場用來套牢或趕走散戶最有效的權宜之計，你如果能牢記這點，就能找到如何利用波動性進行投資的答案。

熊市反彈
小心恐慌發生前的反彈

我在觀察過去的股票線圖時，常常會發現一些很有趣的地方。

熊市進行的過程中，恐慌發生之前，股價經常會出現反彈。這是主力們正在對熊市裡已經疲憊不堪的散戶們，兜售著「最後的希望」。

當散戶在熊市反彈下被套牢，股價就會瘋狂崩跌，接著上演一段恐慌行情。散戶們通常會上兩次當，第一次是在熊市初期進場，第二次是在熊市反彈時被套牢。接下來，散戶最後會上當的地方是底部的盤整。主力透過消耗戰，逼迫散戶離開市場。等散戶都離開市場之後，股價又再度悄悄試圖起飛。

右頁的線圖1是IMF時期發生過的兩次熊市反彈。

而從右頁的線圖2可見，2000年與2002年的熊市裡，也都出現了熊市反彈的情況，主力們向散戶們兜售著最後的希望。

近年來泡沫破裂之前，也都出現了熊市反彈（P.164圖），毫無例外。

由此推測，當股市在走跌的過程中，如果波動性增加，股價突然出現暴漲時，就要懷疑這是不是熊市反彈的現象。**主力不可能給散戶什麼甜頭吃，暴漲只不過是一種廣告手法罷了。**

──「散戶啊，快買吧！」

真正的上漲必定會發生在無聲無息之間。請各位試著去洞悉主力隱藏在緩漲跟暴漲背後的心態吧。

● 綜合股價指數週 K 線圖 1 ●

熊市反彈

● 綜合股價指數週 K 線圖 2 ●

● 綜合股價指數週 K 線圖 3 ●

✏ Power Message

熊市裡發生的暴漲，要懷疑它是不是用來套牢散戶的熊市反彈。這種時候，掌握市場的變動性非常重要。

如何建立適合行情的交易策略
交易績效是最好的反饋

接下來,我們來了解一下在不同的行情下,應該使用什麼樣的交易策略吧?

- ◆ 緩漲行情:做多並長期持有
- ◆ 末升段的煙火:短打交易,選擇權買進跨式
- ◆ 熊市:避險空單
- ◆ 恐慌行情:選擇權買進跨式
- ◆ 熊市反彈:短打交易,趁機賣出手上的持股
- ◆ 盤整行情:區間操作、選擇權賣出跨式

只要行情跟交易策略對得上,就會賺到錢。如果賺不到錢,請檢討自己是不是誤判了行情。交易的績效就是最好的反饋。

在各式各樣的行情中,最大筆的收益會出現在趨勢行情裡,這個時候的關鍵就是要緊抓著趨勢不放。為了做到這一點,週K線圖的移動平均線是一個很有用的工具。

● 5 週均線

判斷中期趨勢是否會繼續上漲時,我認為 5 週均線是最重要的指標。強勁的趨勢都會而延著 5 週均線攀升。即使 K 棒脫離 5 週均線,只要在

● 現代汽車週 K 線圖 1 ●

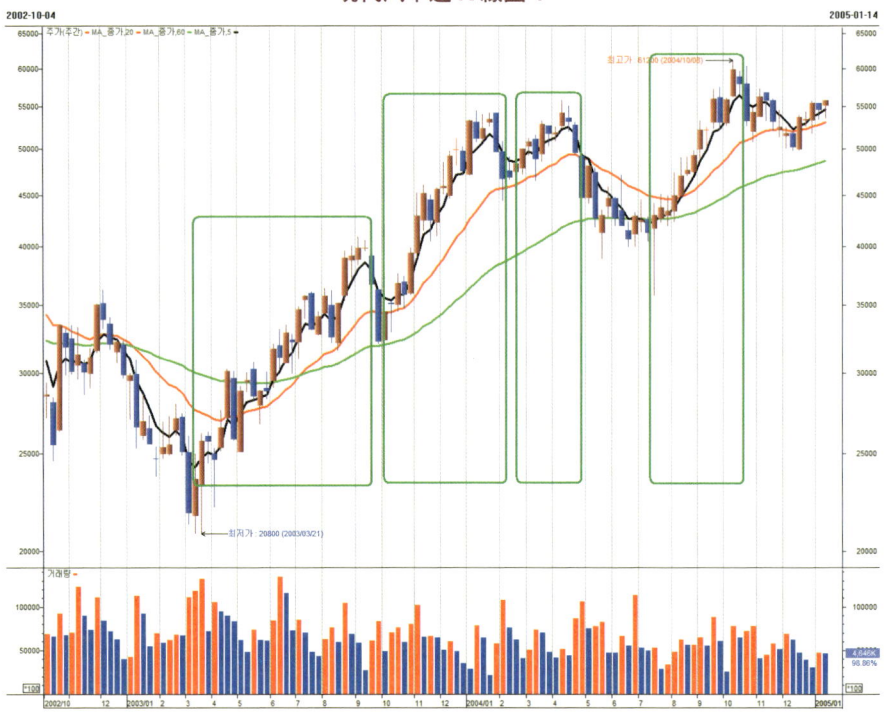

● NHN 週 K 線圖 ●

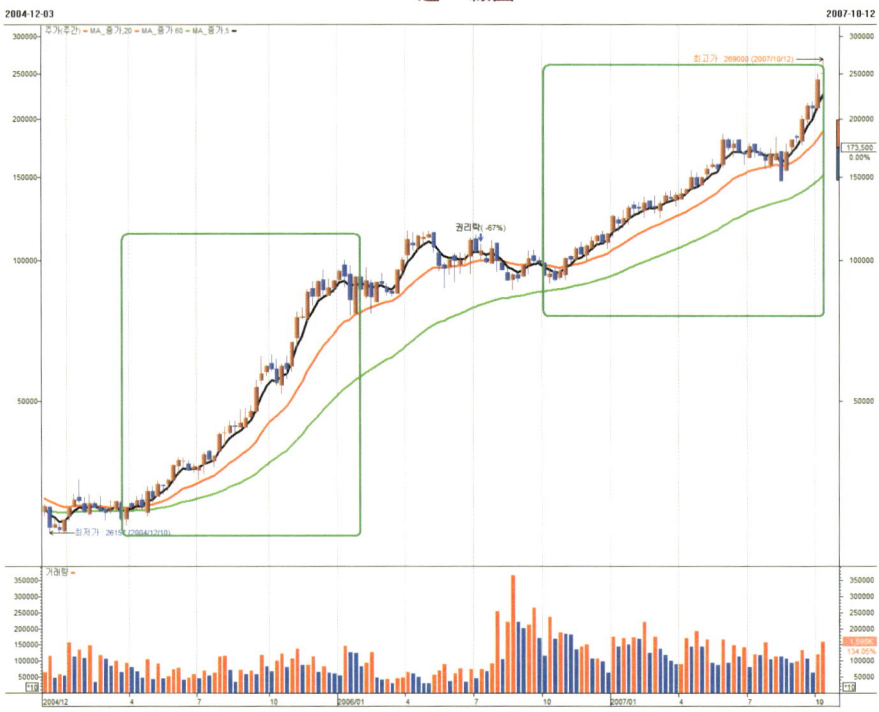

1根K棒內站回，就代表趨勢並沒有瓦解，只是重新再出發。讓我們透過幾個例子（左頁圖與下圖）來印證吧。

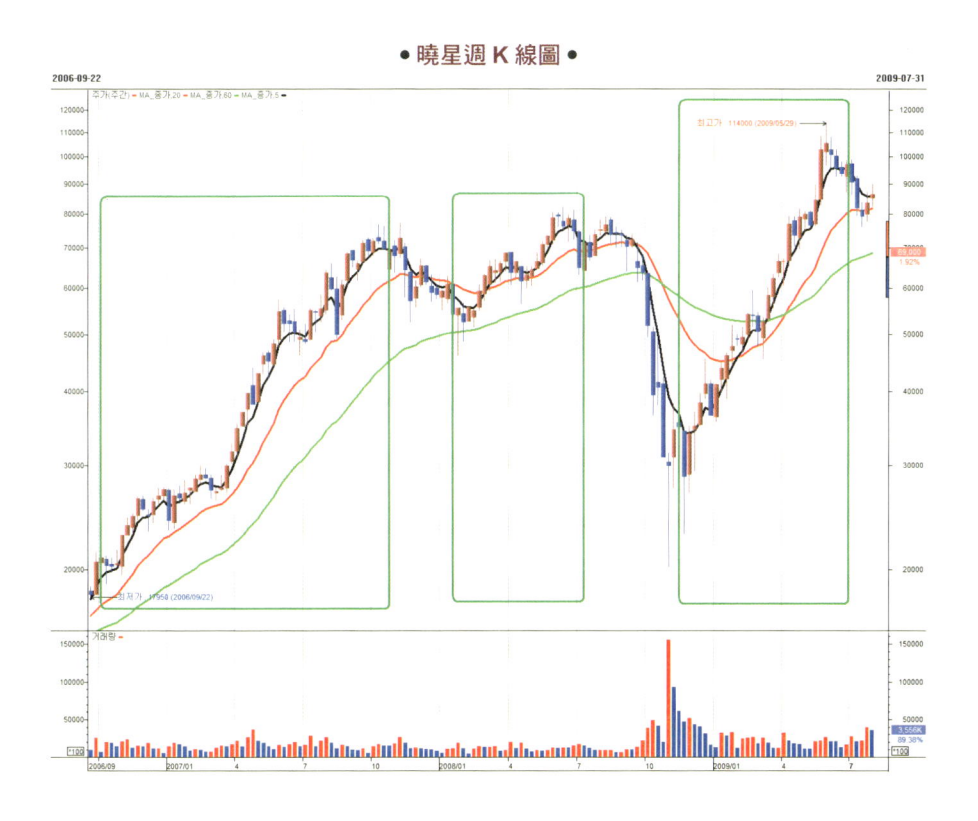

● 曉星週K線圖 ●

以上不論哪張線圖，股價在趨勢強勁上漲的時候都沒有脫離5週均線超過2根K棒以上。祕訣其實離我們不遠。當行情脫離5週線的時候，交易情緒會惡化，所以主力即便讓股價短暫發生震盪，若是想重新讓趨勢復甦，還是得在1根K棒之內讓股價站回5週均線。5週均線是確認強勁趨勢的第一道支撐線，絕對要牢記這一點。

● **20 週均線**

就算股價跌破 5 週均線，只要股價在 20 週均線上反彈，就最好在股價站回 5 週均線的時候，立刻重新進場。

以右頁下圖為例，如果股價在 20 週均線上反彈，接下來就能看到趨勢的起死回生。

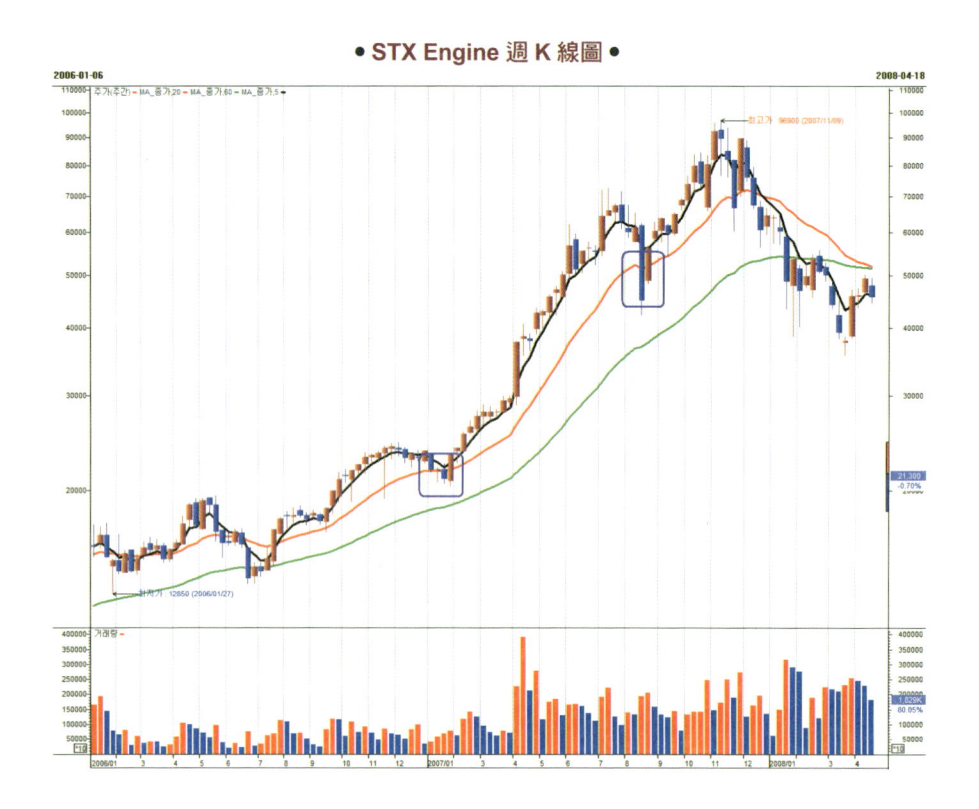

● **STX Engine 週 K 線圖** ●

● 東遠產業週 K 線圖 ●

● 現代建設週 K 線圖 ●

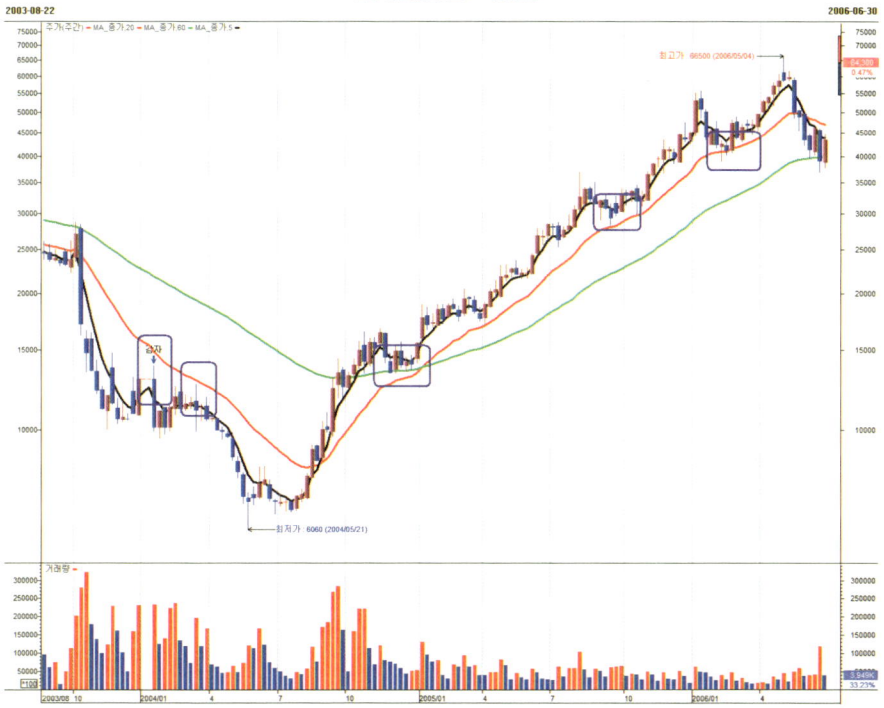

● 大林產業週 K 線圖 ●

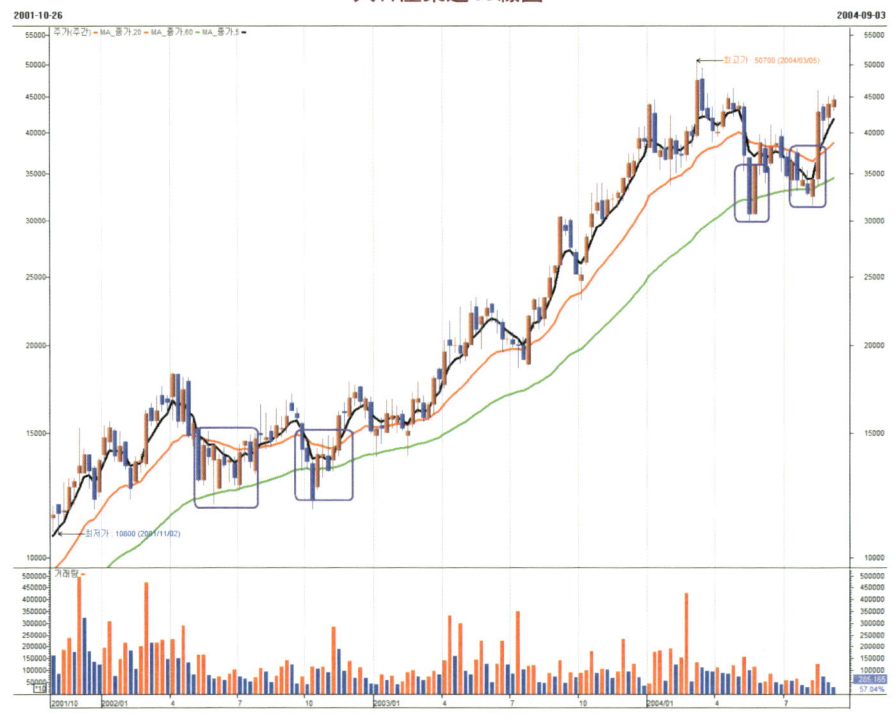

● 現代汽車週 K 線圖 2 ●

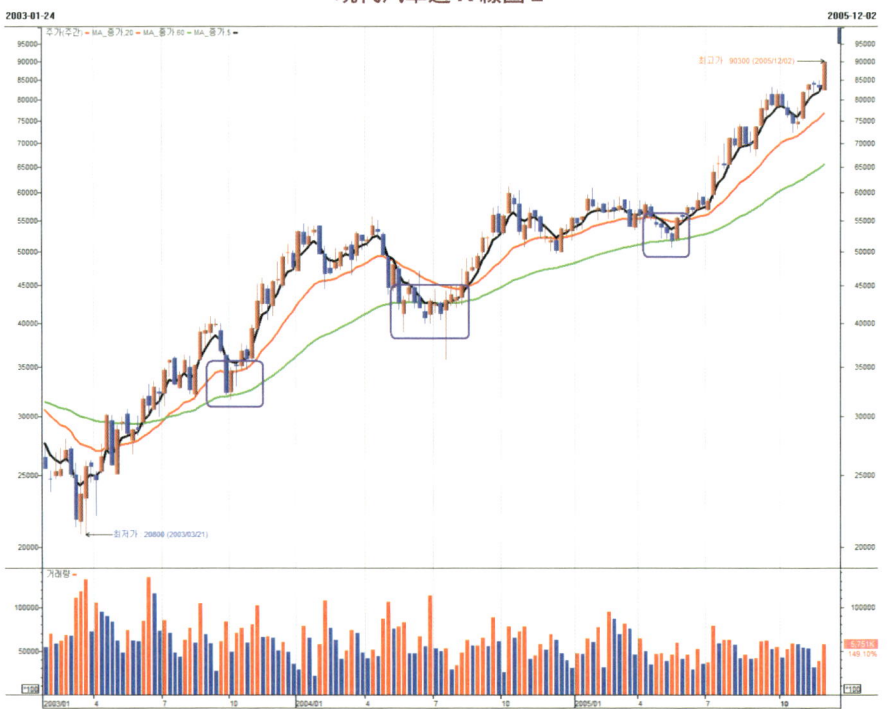

• LG 化學週 K 線圖 •

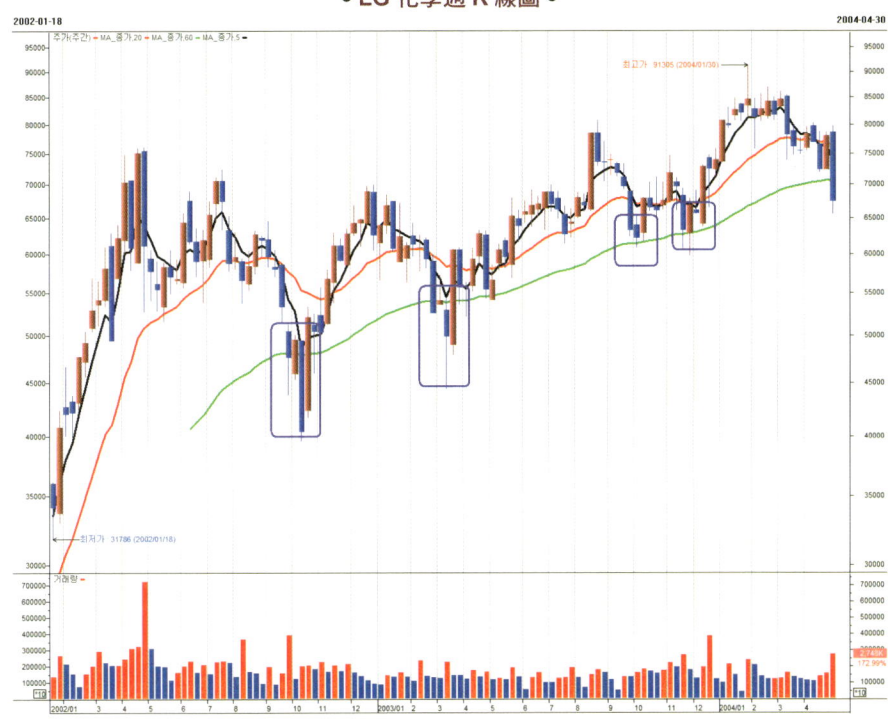

● **60 週均線**

　　60 週均線是最後的堡壘。從左頁上圖可見，假如股價無法在 60 週均線上獲得支撐，應該要判斷趨勢已經出現反轉。

　　而如上圖所見，如果行情在 60 週均線上獲得支撐，就是低價買進的好機會。

> **❶ Power Message**
>
> 5 週、20 週、60 週均線，往往是重要的支撐和壓力點。所以放棄趨勢之前，希望各位先確認行情是否有在這些區間內獲得支撐或壓力。

掌握領導股的方法
押注資金集中的產業

指數雖然是所有股票的股價平均後所求得的數值,但並不是所有股票都對指數有相同的影響力。某個時期,總有某個少數群體會引領指數上漲,而這個群體中漲勢最強的股票就被稱為領導股。

我們要如何掌握股票市場的資金動向?方法也還是很簡單。

● (韓國)產業指數代碼 ●

001	綜合股價指數	010	非金屬礦產	019	物流倉儲
002	大型股(總市值)	011	鋼鐵、金屬	020	通訊業
003	中型股(總市值)	012	機械	021	金融業
004	小型股(總市值)	013	電機、電子	022	銀行
005	飲料食品	014	醫療器材	024	證券
006	紡織、服飾	015	運輸設備	025	保險
007	紙類、木材	016	零售業	026	服務業
008	化學	017	電力與天然氣	027	製造業
009	醫藥品	018	建設業		

從上表我們可以看到韓國各產業的指數代碼。定期輸入股票代碼,比較它們之間的走勢圖就行了。就像右頁上圖這樣,善用 HTS 的走勢圖比較功能很有幫助。

● 產業走勢比較圖 ●

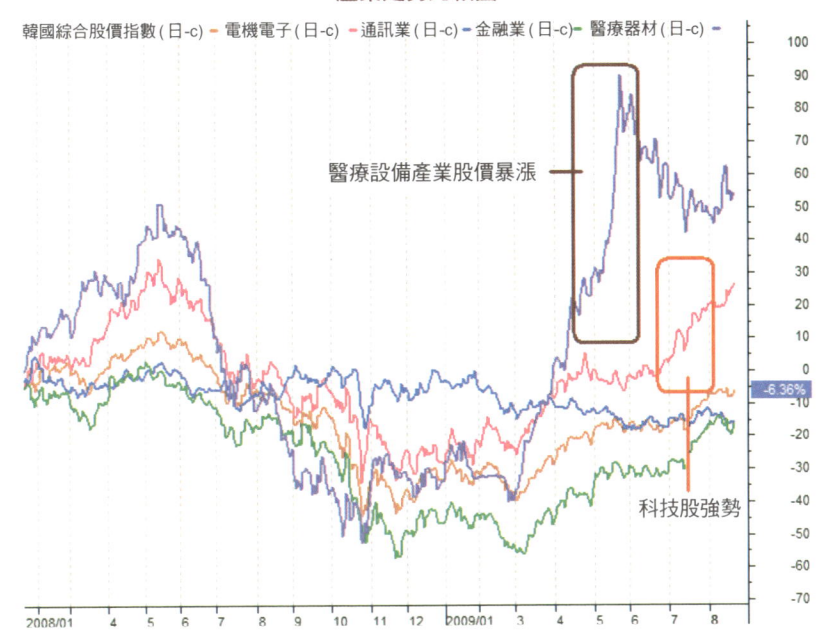

韓國綜合股價指數(日-c) — 電機電子(日-c) — 通訊業(日-c) — 金融業(日-c) — 醫療器材(日-c) —

醫療設備產業股價暴漲

科技股強勢

-6.36%

● 板塊圖 ●

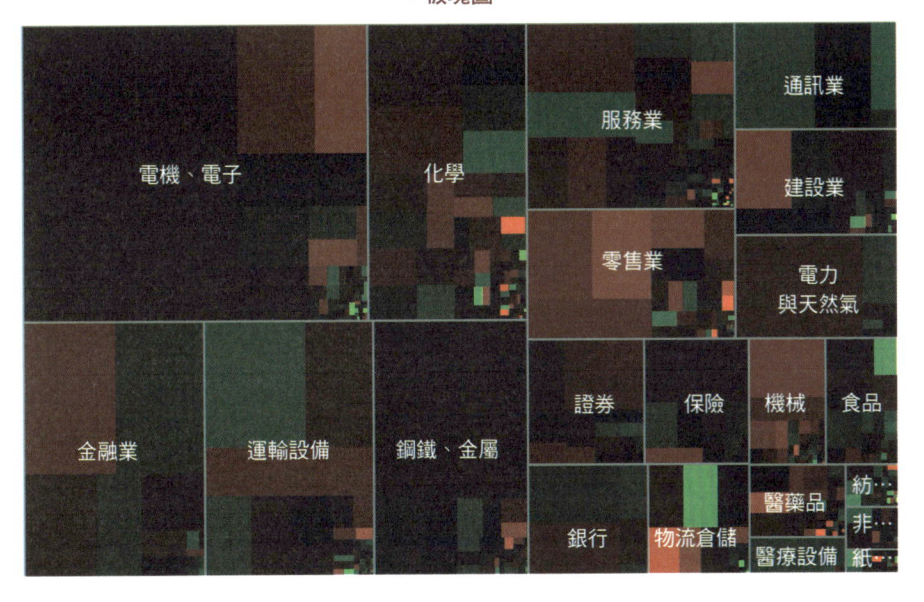

電機、電子	化學	服務業	通訊業
			建設業
		零售業	電力與天然氣
金融業	運輸設備	鋼鐵、金屬	證券 / 保險 / 機械 / 食品
			銀行 / 物流倉儲 / 醫藥品 / 醫療設備 / 紡… / 非… / 紙

順勢而為・173

例如 2009 年 3 月開始，原本相對遭到低估的醫療器材產業，突然爆發性強勢上漲，過度反應過後，似乎又回到了原點，對吧？從圖中又可以看到，近期資金主要流入科技股。

走勢比較圖可以呈現出資金隨著時間推移流動的情況，而前頁的市場板塊圖 Market map 可以剖析出一天內，資金在各個產業內的分布情形。

當板塊的顏色越紅，代表上漲率越高（會根據 HTS 的設定而變化）。透過市場的板塊圖，我們可以一目瞭然地知道每天的資金集中在哪個產業。從前頁圖我們可以看到，買氣集中在零售業和機械股吧？

我們也可以比較各國的指數，從中掌握現在全球資金偏好的市場在哪裡。

● 各國指數比較 ●

從左頁圖表可以看到，近期（2006-2009年）資金爆炸性集中在中國，已開發國家的股市感覺相對冷清。

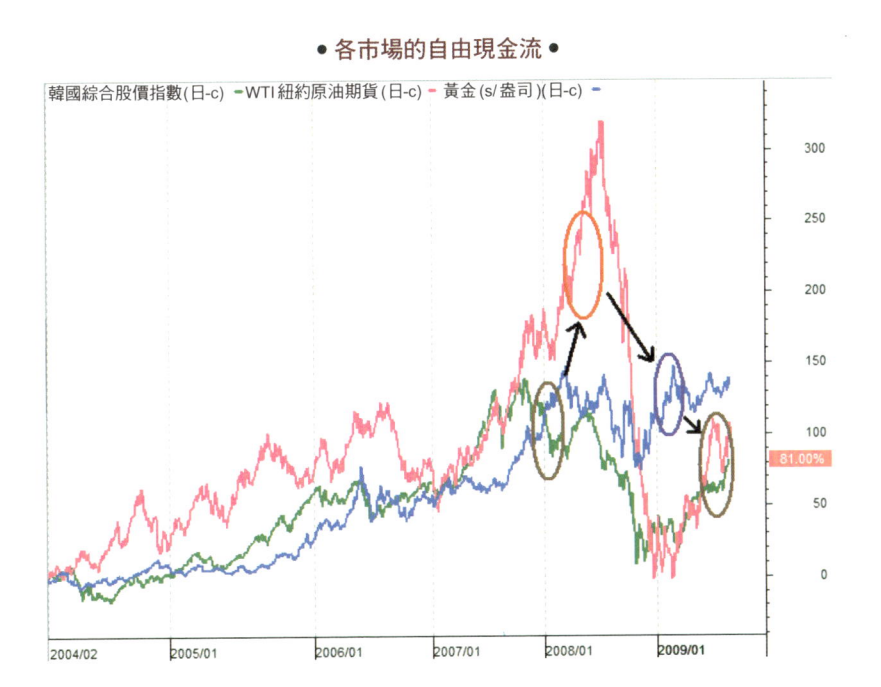

● 各市場的自由現金流 ●

用更宏觀的角度追蹤市場的自由現金流 Intermarket cash flow 也很有意義。

2007年底資金開始流出股市，有部分資金轉移到了原油市場，另一部分進入了黃金市場。從上圖可以看到，後來投機資金集中流入原油市場，導致原油價格泡沫化。原油泡沫化之後，股價大幅崩跌，資金又流向了作為安全資產的黃金市場。爾後，有一部分資金又再度回到了證券市場。

掌握自由現金流之後，要如何應用到市場？方法如下：

◆ **投資短期資金集中的產業或市場**，也就是趨勢交易。

◆ **觀察與監控長期被冷落的產業或市場**。資金總會從被高估的地方流向被低估的地方，這種道理就像是水從高處往低處流一樣自然。長期被冷落的產業從低點強力走揚，肯定是具有意義的訊號。

> **❶ Power Message**
>
> 為了利用動能效應與動能反轉效應，我們應該找出短期資金集中的產業進行布局，並觀察長期被冷落的產業是否出現蠢蠢欲動的跡象。

該投資什麼股票
放下對飆股的幻想吧

「到底該投資哪一檔股票」是很多散戶都很好奇一個問題。我想各位可能已經從我的文章裡推測出來，我個人對於選股抱持著遲疑的態度。市場在各種情況下，固然都有引領市場的領導股，而且老練的交易人會遊走在這些領導股之間，賺進超越市場的獲利。但是這件事情並不簡單，不，其實是非常困難。

不過散戶腦海裡，認為自己能「百分之百挑中飆股」的幻想卻不會消失。關於這點我是這麼想的。

我認為如果你不是價值投資人，就不要選股了。為什麼？因為操盤手投資的不是個股，而是行情的波動。我想推薦現貨市場的投資人選擇 KODEX 200。

散戶常常看著過去飆股的線圖，垂涎三尺地想著：「哇……要是我有買到這檔股票該有多好？」我也是過來人，但現在的我知道，這只是無謂的幻想。能夠完整享用這種飆股的人，如果不是價值投資人，就是很幸運的人。這一點確實體現出了長期持有的優勢，但是採取這種策略的人，也可能要全盤接受股價暴跌的衝擊。

我認為正確的投資方法，不是要釣到一檔好股票，而是在波濤洶湧的大海裡，捕捉到一檔美味的行情。我們的目標不是個股，而是行情的波動，行情的波動！所以說，只要是有行情波動的股票，不管是哪一檔

股票，都有著獲利的機會。

我認識的所有高手，他們的特色都是，交易方法非常單純且優雅，而且只有在市場出現他們喜歡的模式時才會出手。他們懂得調適自己的慾望，所以當市場沒有出現他們喜歡的模式時，便乾脆收手不幹；只有在他們喜歡的模式出現時，他們才會在落實風險管理的情況下，同時強力押注，然後賣在該賣的時候，從中獲利。各位懂了嗎？

無聊就買，害怕就賣；好像會漲就買、好像會跌就賣的菜鳥散戶們……我以前當然也是這樣，你們沒有必要因此感到羞愧，不過現在的你們，是不是該換個方式了？為什麼要在自己沒有信心的位置上下注？因為無聊嗎？還是嫌錢太多？

從現在開始，我個人希望，各位可以放下對飆股的幻想，這才是解救你們的道路。但是，為什麼比起個股，我更推薦各位去交易指數？市場波動不管發生在哪一檔股票的意義都一樣，既然如此，選擇波動性最大的股票，不是更好嗎？

下圖呈現的是投資指數和個股之間的差異。

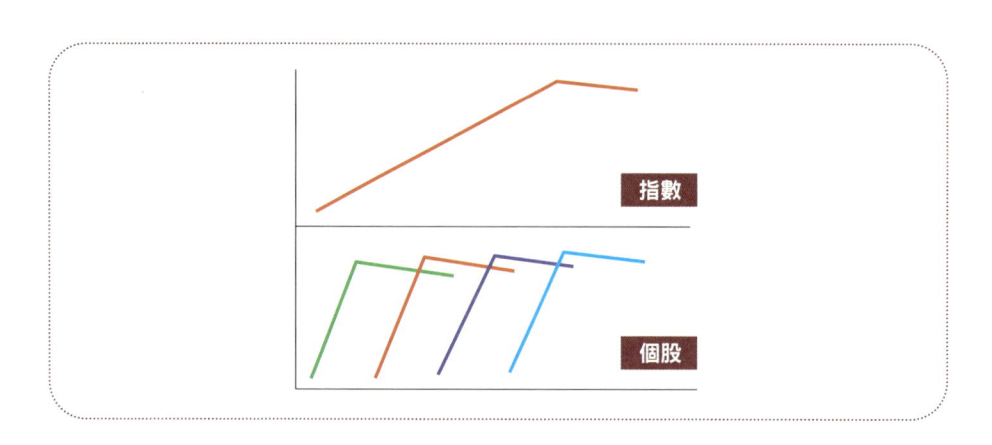

178 · CHAPTER 5　專業的實戰策略

上方是指數的上漲曲線，下方是不同個股之間的上漲曲線。領導股的上漲波動雖然比指數陡峭，但持續時間通常較短。這就是關鍵！指數會週期性出現可以獲利的波動，但是個股在經過一次劇烈的波動後，通常會陷入沉寂。這個時候，就會輪到其他股票出現波動。

由於指數是所有股票的平均值，在某些時候上漲幅度看起來必然不如領導股。也正因如此，許多散戶比起交易指數，更熱衷於想在領導股上分一杯羹。

指數雖然在某些時間點，漲幅總是比不上當下的領導股，但是在領導股不斷交換的過程中，指數依然在緩緩上漲，所以長期看來，交易指數反而比到處交易輪動的領導股，能帶來更好的報酬率。

許多聰明的交易人會在牛市裡，抱著平靜的心態，搭上指數的順風車。因為考慮到換股要花費的時間和成本，長期下來，投資指數反而可能更有利。至少對於效率市場假說的信徒以及學術界得出的結論來說，確實就是如此。

總而言之，要積極追蹤趨勢，轉換個股，還是要選擇追蹤指數，都是投資人自己的決定。

❶ Power Message

從成本面來說，追蹤指數比輪動投資領導股的表現更優秀。雖然優秀的操盤手可以透過輪動交易來賺取超越市場的報酬率，但是想要每次都成功遊走在各檔領導股之間，絕對不是一件容易的事。

量化交易
另一套武器

　　量化交易是單純以技術指標作為買賣的訊號，機械式執行交易的一種方式。如果你想成為專業操盤手，量化交易就是一堂必修課。

　　為什麼？因為量化交易可以大幅提升你對市場和自我進行客觀分析的能力。我不打算在本書裡對量化交易著墨過多，要是我這麼做，這本書就會變得很難讀。

　　累積市場經驗的過程中，我發現優秀的操盤手，不是會沉迷於一件事的人，而是具備綜觀全局能力的人。我也曾經花五年時間，開發量化交易的模型，但我的結論是：「量化交易，並不是所有一切的解答。」如果不能把量化交易當成是一種策略工具 strategy tool，就會踏上一趟愚蠢的旅程，試圖想在量化交易裡尋找出一個萬能的策略。

　　承我先前所述，這世上並沒有在所有行情中都能獲利的策略。但在特殊的行情下，肯定存在著特別有效的策略。有個詞彙叫「雙刃劍」吧？不管是哪一種工具，使用的人不同，效果也會不同。

　　學習量化交易的路上，我最大的收穫也許是──如何客觀分析自己的策略和績效。你可以從中學習到，要如何透過勝率、報酬率、進場效率、出場效率、最大回檔幅度 MDD、利息保障倍數、夏普比率 Sharpe ratio……等概念，來分析策略的獲利能力與風險。

　　我就不說明這些概念了。有支援量化交易軟體的證券公司，大多數

都有開設量化交易的相關課程。如果你真的對量化交易很有興趣,可以在這些課程上學習更具體的內容。

量化交易,可以讓交易人在執行趨勢交易時獲得自信。其實對趨勢交易人來說最艱難的挑戰是,在沒有獲利的區間,是否依然相信自己的趨勢交易獲利模型。不論哪一種趨勢量化交易模型,肯定都會在特定區間遇到逆循環的局面。但是當你利用程式驗證過自己的獲利模型,心理上就能獲得支撐,就算後來在交易的過程中遇到短期虧損,也不會放棄趨勢交易的理念。

說到底,你想要當一位工程師,還是日後想要回頭親手操作交易,都是每個投資人自己的決定。不管在任何情況下,懂得如何客觀模擬自己的交易點子,並懂得運用相關工具,都將成為一大武器。

以我個人的經驗來說,學習量化交易似乎可以打破你對於交易的白日夢。如果你把市場上諸多的「祕訣」拿去模擬跑分,它們的本質就會赤裸裸地出現在你眼前。結論就是,這世界上根本沒有什麼東西值得被稱之為「祕訣」。

其實技術分析策略細分下來並沒有幾種。各位可能覺得我一直在老調重彈,但我還是要說,我提倡的策略就是「追著市場趨勢跑」,在這個「順勢而為」的大框架下,還可以分成很多細部的策略,從均線突破策略、新高價策略、雙重底買進策略⋯⋯等等,這些策略各位可能都耳熟能詳。盲從著這些策略的投資人,可能會說得好像這些特殊策略裡,蘊含著什麼深奧的大道理,但其實這些策略都建立在相同的觀點上──「股價一旦開始波動,短期內很可能會持續朝著這個方向發展」。

由於股價會永無止盡地漲漲跌跌,還有另一種策略就是基於這一點,進行低買高賣。正如我屢次強調的一樣,這種策略很危險,也許勝率很

高,可缺點是一旦失敗就會遭遇重擊。

　　學習量化交易,會讓你學會如何把策略進行系統性的分類,並分析它們個別的優缺點,在這個過程中,你會養成冷靜看待市場的習慣。這種「習慣」長期來說,對於投資的成功而言至關重要。

　　如果你已經在市場上累積了一定經驗,建議一定要去挑戰看看量化交易。

> **❶ Power Message**
>
> 建議至少試著去學過一次量化交易。量化交易可以以讓投資人學習如何客觀進行交易,同時是一個好機會,讓我們增強對趨勢交易模型的信心。

Column

Beauty53 交易法

下方是我主要採用的交易方法。

◆ 等股價完全進入多頭或空頭排列，均線匯集（糾結）、準備開始分散時進場建倉。或許有人會把這個方法稱為回檔低接，這個說法也並不完全錯誤。回檔低接是最安全的交易方式之一。雖然有時候，我們應該採取突破交易或是反轉交易，但是請記住，這種交易方式只適合擅長風險管理的高手們！

◆ 1 分 K 線圖、5 分 K 線圖、30 分 K 線圖、日 K 線圖，當它們的交易訊號越一致，代表買賣訊號越強勁。

◆ 當均線排列混亂的時候，不管再怎麼想買進，我都會忍住。只要進錯場，就是死路一條。

◆ 我熱愛強勁的行情與交易量。當行情出發的時候越強勢，我們不應該害怕，而是應該更積極參與其中。當然，如果結果不符合預期也沒關係……就趕緊停損，然後快逃吧。

◆ 不要忽略支撐線和壓力線。當股價來到支撐線或壓力線附近，要在股價會獲得支撐或壓力的假設下再行動。例如，當你抓到了一波漲勢，正眉開眼笑的時候，如果股價來到壓力線附近，那就先停利，等到股價突破壓力線再重新進場就好了……嘖嘖……幹嘛把自己活得那麼累？

◆ 當行情走揚，股價產生未實現收益時，就在線圖上加上拋物線指標，進行移動停利。

相反的，市場上還有一些我們不該看的東西。

各投資者類型的買賣動向

如果因為外資大量買進期貨就跟著買，很可能是自尋死路。這種情況很可能是偽裝成個人帳戶的外資大戶在大量拋售股票，然後某個愚蠢的外資基金在接盤。這種時候 HTS 上可能會出現外資買進幾千億韓元的期貨，並且有個人戶正在大量賣出股票的資訊，但這種真的不算是一種情報。雖然有些時候可能歪打正著，但在大部分的時間裡都是錯的，所以請無視這種訊號吧。

財經新聞

財經新聞真的就是一種「馬後炮」，只不過是在為已經形成的行情找各種理由而已。行情本身就是經濟狀態的最佳指標。股票總是走在最前面，當經濟感覺快好轉的時候，總有人會神不知鬼不覺開始買股票。經濟學家要透過股市行情來預測經濟，順序若是倒過來看，絕對無法成立。

價值分析

我在現貨市場交易的時候，如果看到有人在底部瘋狂大量買進，而且持續進場，我才會採取跟風的方式。反正這張股票我也不會持有好幾年啊！我的想法是：「他們認認真真幫我做好了技術分析，這裡肯定是個不錯的進場位置吧。」

Chapter 6

務必銘記在心的
投資重點

風險管理
比獲利更重要

交易的起點
建立投資理念與交易原則

　　如果你把交易當成是無聊解解嘴饞的花生，或是純粹只是為了好玩，那麼僅憑你的直覺來賭博也無所謂，因為交易比世界上任何一種遊戲都更容易牽動我們的情緒，也更加刺激，確實能達到娛樂的目的。

　　但如果你很認真把交易當成一種事業，想要從中追求獲利，那就絕對不能靠著衝動交易，這麼做是去送死的捷徑。專業操盤手在開始投資之前，要先建立清楚的交易計畫，這就像是創業之前，你需要先有一份具體的事業計畫書一樣。

　　開始交易之前，你要先清楚樹立屬於自己的投資哲學。本書前半部分，我對於趨勢交易做了深度的著墨。如果沒有特別的理由，我希望各位都可以把趨勢交易納入你們的投資哲學之中。

　　再更具體來說，各位在樹立交易哲學的時候，要決定你只要仰賴技術分析，或是想融合基本面分析當成輔助指標，這些都是很重要的核心概念。如果你打算運用基本面分析，也要事先決定好你要著重在哪一些面向上。

　　老實說，這本書裡我不太會談論到基本面分析。以我個人來說，就算我會因為好奇而去了解總體經濟的走勢或投資標的的基本面，但在建立交易策略的時候，我並不太考慮這個面向。

無論如何，投資哲學要有非常鮮明的原則，所有交易策略才能基於這些原則衍生而出。

　　下一步，請各位選擇要在哪一個市場上交易，最基本的選項有：在現貨市場上交易股票；或是把觸角延伸到金融衍生市場，進行期貨或選擇權的交易。如果把目光再放得更遠一點，還可以跨足外匯市場、商品期貨市場、利率期貨……等。未來，隨著各種期貨交易越來越活躍，交易市場的類型，預估也會越來越多元。

　　站在操盤手的立場，下列是幾個我們在選擇市場時必須考慮的重點因素。

● 流動性

　　在流動性不足的市場上交易，不只難以取得自己想要的部位，賣出也是相當困難，因此滑價 slippage 的成本會大幅增加，絕對不能輕忽這個問題。

● 波動性

　　波動性越大的市場風險較高，預期獲利也相對較高。反之，波動性較小的市場雖然穩定，但卻很難賺大錢。例如 KOSPI 市場的景氣防禦股波動性較小，但是 KOSDAQ 的小型股會在漲停和跌停間來來回回，選擇權市場甚至一天可以大幅上漲五到六倍，每個市場的波動性都非常不同。

● 槓桿

　　現貨市場也可以進行信用交易或融資交易，但一般來說，現貨交易都會要求投資人在帳戶內存入相等於買進金額的款項。至於期貨交易貨

選擇權交易，則是需要保證金，以韓國指數期貨來說需要15%的保證金。

據我所知，在韓國，外匯保證金交易原本可以利用2%保證金開出超大的槓桿，但是從2009年9月1日開始已經調高成5%了。

槓桿開越大，風險管理就越重要，所以說擅長風險管理的交易人，可能會更偏好進行高槓桿交易。但如果你喜歡不那麼緊湊的中期交易，降低槓桿才是明智之舉。

> **① Power Message**
> 流動性、波動性、槓桿是選擇交易市場時，最應該考慮的代表性因素。交易的起點是：建立好屬於自己的投資哲學後，再決定交易發生的主要市場。

風險管理
風險管理比獲利更重要

我之前曾經跟一位經驗老道的操盤手聊過天,聊得正起勁的時候,他說:

「風險!人要了解風險為何物,才能懂得什麼叫交易。」

我也同意。比起獲利,更注重風險管理的投資人,更有機會能夠長期獲利。

我認為風險管理的計畫中,應該要包含下列這些要素。

● 下注的籌碼占整體資產的多少百分比

前面我也建議過各位,要採用比例式投資法。我也說過根據凱利公式,理論上存在一種最佳的下注比例,但這個比例在實戰中很難準確被計算。

我建議的比例大約是 10% 左右,但不同的投資人之間,還是存在著些微的差異,20% 左右就屬於非常積極型的投資人。

● 每次交易可以承受多少虧損

交易的時候,偶爾會遇到發大財的情況,相同的,如果沒有做好風險管理,也會發生一次就讓你傾家蕩產的情況。所以說,投資人應該打從一開始,就先決定好自己可以承受的最大虧損。

如果真的達到虧損限額，不管發生任何事情，都要機械式中斷交易，謀求新的機會。我真的不知道有多少投資人，在沒有計劃好最大虧損限額的情況下，懷抱著虛無飄渺的夢想，不斷積累著虧損。

● **停損策略**

建倉之前最應該先決定好的策略是——「什麼時候要出場」。不論是以損益平衡點作為標準，或是以線圖的訊號作為標準，如果沒有一個明確的虧損標準，可以自動中斷手邊的交易，投資人往往會抱著虧損部位不放，導致虧損不斷疊加。

● **分批進場策略**

當你為了建倉，打算分批進場的時候，也應該要有明確的計畫。例如，當你選擇做多的時候，分批進場的計畫應該是：在5日線上先買進20%的籌碼，其餘20%在20日線上買進，剩下的60%在60日線進場。

● **投資組合**

投資組合理論的重點在於，透過市場或股票的多元化來降低風險。投資組合不是只侷限在市場或股票上，量化交易人經常會使用由多種策略組合而成的戰略性投資組合 strategy portfolio，還可以運用短期交易和長期交易併行的投資組合。

● **暫停交易的標準**

當投資人經歷一連串的虧損時，情緒上難免出現變化。很可能會為了想回本而變得過度積極，或者意志消沉。在投資過程中，這些都是非常重大的投資風險。

所以說,當遇到一連串虧損,或是虧損金額達到一定程度以上的時候,我們往往需要休息,藉此轉換情緒,調整狀態。無法獲利代表我們的策略不適合現在的市場。離開市場,等待到自己的策略可以跟市場重新匹配,也是很重要的風險管理策略。

> **❶ Power Message**
> 開始交易之前,必須先建立好風險管理計畫,其中大致上包含總資產和下注籌碼的比例、每次交易的最大虧損額、停損策略、分批進場策略、投資組合以及暫停交易的標準。

進出場時的檢查重點
趨勢的持續比你想像中更久

這個章節讓我們來簡單了解一下，進出場時需要考慮的事項吧。

● 進場之前

進場之前要先大致估算持有時間的長短。如果你的出發點是短期獲利，假如無法獲利，就要果斷停損，節省時間成本。

當你判斷行情接下來會出現強勢的波動，就不要太在意進場成本。為了買便宜一點、為了賣貴一點而錯過重要的時機，為此後悔不已的事件總是層出不窮。

計劃大型交易的時候，最好要保持謹慎，分批進場，絕不可基於一時的盲目衝動而交易。無論如何，若你進場的位置和目前的趨勢不同調，那必須非常小心。在沒有趨勢完全轉換的確切訊號之前，就把所有資金拿來反向操作，可能會導致你在短時間內慘賠。千萬別忘記，這是經驗老道的投資人切身體會後給出的忠告。

有很多投資人，看到趨勢已經持續好一陣子，怕自己搭到的是末班車，所以盲目反向操作。這種時候你要記得一件事——「趨勢的持續比你想像中更久。」不要害怕加入正在發展的趨勢，就算遇到最糟的情況買在最高點，也只要停損就行了。

當大多數人認為趨勢即將結束的時候，趨勢往往不會結束，而是會

繼續延長。除此之外，資金一旦開始流動，就會持續很長一段時間。當奔馳的馬兒看起來在休息的時候，勇敢伺機而動，瞄準第二波趨勢也是不錯的選擇。

上漲型態未能成形的牛市陷阱 bull trap 和下跌形態未能成形的熊市陷阱 bear trap 都是不錯的進場訊號。例如，當股價跌破支撐線，短時間內又股價又重新強力突破支撐線，就是一個做多的好機會。反之，當股價看似要強力突破壓力線，但最終又跌回壓力線下，是趨勢力道已經消耗殆盡的訊號，建議做空。

急遽的修正，有時候也是可以逆向思考的好時機。例如，當一個穩定上漲的行情突然之間急轉直下，股價跌破支撐線，這種情況比起趨勢轉換，更有可能是一時之間的波動。真正的趨勢轉換，大多都是行情噴發到最高點後，經過很長一段時間後才會發生。很多投資人雖然在等著股價修正時進場，但等到股價真的出現強勁的修正時，又因為害怕而無法即時進場。不過經驗老到的投資人，卻可以像老鷹一樣，精準掌握這種機會。

因為意想不到的短期利空，導致股價崩跌的時候，就是絕佳的進場機會。我這裡所謂的意料之外的短期利空，是指政治或經濟方面的突發性變數，所引起的短暫現象，北韓核試驗導致股價崩跌就是最佳案例。

進場的時候，建議各位用限價的掛單，慢慢進場。出場的時候正好相反，應該要用市價掛單，盡快離開。

計劃執行金字塔交易時，下單的籌碼絕不可以大於一開始投資的本金，因為金字塔越往上越窄；同理，趨勢波動的過程中，要加碼買進時，下單的資金也應該越來越少。

● **關於出場**

我已經反覆提過很多次了。每次進場的時候，一定要先建立好出場策略。如果可以的話，最好一進場之後，就先掛好用於停損的自動觸發委賣單。

當你認為，你的持倉擺明跟目前市場的動向不同調，不管你的未實現收益有多少，都請直接出場。明知道自己的持倉跟市場趨勢不同調，還堅持繼續持有，這種行為跟懷抱著盲目的期待沒什麼不同。

所有交易的進場一定都有理由，但是大多數的投資人，進場之後就會忘記自己為什麼進場，然後開始祈禱，希望自己帳面上的錢變得越來越多。如果當初讓你進場的理由已經不見的話，就請出場吧。坦率承認自己的錯誤，是身為優秀的常勝軍必須要有的韌性。

不管你是在支撐線買進，或是在壓力線上賣出，當行情和你預期的不同，股價跌破支撐線，或是突破了壓力線，不管理由是什麼，都請立刻出場。未經深思熟慮，期盼股價回心轉意，很可能會遭遇無妄之災。

如果你手中的持倉正在獲利，不要太糾結什麼時候該出場。這個時候，已經進入對投資人的心理狀態有利的區間了。

如果帳面上已經有未實現收益，那就把停損單改成成本價，專注在把獲利極大化就行了。不要去預測高點，而是要在趨勢轉換的時候出場才對。

出場後如果想要重新進場，我建議要刻意為自己保留一段時間。出場後通常是投資人情緒最強烈的時候，獲利了結的時候，我們會開始懷疑自己是不是太早出場，沒能把獲利極大化，同時也是慾望最強烈的時候；假如是停損，投資人這時候肯定是心煩意亂，急於回本。通常這種時候，容易做出最愚蠢的交易判斷。

> **① Power Message**
>
> 不管在什麼情況下,如果進場的位置和目前的趨勢不同調,必須要非常謹慎,把所有資金拿來反向操作,可能導致你在短時間內慘賠。如果當初進場的理由已經消失,就請出場吧。懂得承認自己的錯誤,是身為優秀的常勝軍必須要有的韌性。

心態與市場的檢查重點
同步市場節奏和自身的交易節奏

當市場的節奏跟自身的交易節奏不同步,就無法獲利。為此,我們應該保持穩定的心理狀態,追隨市場的腳步。讓我們來進一步瞭解一下吧。

建立穩定的心理狀態

一場好的買賣,不能對內心造成太大的壓力。當你的持倉部位讓你感到害怕,代表這個部位已經過於龐大。身為投資人,遇到這種情況應該去縮小投資部位。

身邊親朋好友的意見,要左耳進右耳出。如果大多數人的看法都是對的,那大多數的人都應該要賺錢才對,不過結果卻正好相反。交易判斷這種事情,永遠只能靠自己。

隨時觀察自己押注的傾向,最好去了解自己會在什麼時候突然過度押注,或分析是什麼原因會引發自己的衝動。當各位很興奮的時候,其他普羅大眾也很可能很興奮。一般來說,在這種極端的時候,大眾的選擇往往都是錯誤的。

當某種因素造成你心理非常焦躁的時候,最好出場休息一下。市場的機會源源不絕。當投資人的心理平衡被破壞的時候,帳戶也會一起遭殃。

支撐和壓力線之所以存在,就是為了被突破。我們雖然要對其保持尊重,但如果行情持續在測試壓力線或支撐線,總有一天會被突破。我

們需要自我檢視，是不是因為太在意支撐和壓力線，以致於我們的觀點變得僵化。

即便市場的長期趨勢與短期趨勢不同調，也最好不要和長期趨勢唱反調，選擇投注短期趨勢。不要像隻蝙蝠一樣上上下下，先衡量長期趨勢，再把短期趨勢的回檔當成是押注長期趨勢的機會。千萬別餓得像一頭豬一樣，想要吃下所有的波動，那絕對是死路一條。

要常常檢查自己的投資習慣，優秀的投資人都擁有優秀的交易習慣，反之，糟糕的投資人就有著糟糕的交易習慣。學習交易，其實就是在學習好的交易習慣。換句話說就是，同步市場的節奏和自己的交易節奏。

關於市場動態的重要建議

股價創新高或創新低，都是必須關注的狀況。有人願意用高於現有的價格買進股票，或是以低廉的價格賣出股票，都一定有他的原因。

當股票進入了無生趣的箱型走勢時，不要衝動進行交易，請耐心等待到行情朝某一方側重，突破箱型市場。預測走勢，草率進場，很可能會陷入反覆不斷的逆循環之中。

當強勁的趨勢突然轉向，朝著反方向強勢移動的時候，請追隨新的趨勢。如果對過去的波動戀戀不捨，無法適應新的趨勢，你將會面臨巨額虧損，或者錯失良機。

當股價歷經長時間的上漲後，若股價在漫長的時間裡，形成緩和的圓頂狀，請合理懷疑是否有人在分批出場。反之，當股價歷經長時間下跌，從某個時間點開始，交易量毫無生機，股價又形成碗狀的走勢，很有可能是有人正在收購股票。

趨勢發展的過程中，需要等待可以進場的停靠站出現。停靠站可能

出現在價格發生回檔的時候，也可能出現在區間盤整或各種股價收斂的型態之中。

如果要挑出幾個比較可靠的趨勢反轉型態，有多頭吞噬和空頭吞噬 K 線型態、尖銳的高點或低點型態，以及島狀反轉型態。

如果底部或高點附近出現跳空上漲或下跌，代表有重要的趨勢即將發生，務必要密切觀察行情的動態。如果行情短時間內沒有填補跳空的範圍，這個跳空往往會成為支撐線或壓力線。

假如跳空後，行情迅速回補，很可能是趨勢反轉的訊號。建議這時候可以朝著回補的方向押注。不論任何情況下，當眾所皆知的股價型態被判斷成失敗訊號時，就是反向押注的絕佳機會。通常失敗的訊號會比本來的訊號更具可信度。

股價的波動有節拍。當股價在應該修正的時候沒有被修正，就等待股價強勁上漲；反之，當應該回彈的時候卻沒有回彈，通常是在等待股價爆跌。

> **❶ Power Message**
>
> 當你對於持有的部位感到害怕，代表這個部位的規模對你而言過大。操盤手應該大幅減持這種部位。當股票進入了無生趣的箱型走勢時，不要衝動進行交易，請耐心等待到行情朝某一方側重，突破箱型市場。預測走勢，草率進場，很可能會陷入反覆不斷的逆循環中。

撰寫交易日記
留下紀錄才能成為高手

　　我是個徹頭徹尾、非常重視實戰交易的人。就算每個人都擁有相同的知識，能夠正確使用這分知識的人卻很少見。我認為操盤手這個職業是一種藝術家，既有醜陋的交易，也有美麗的交易。回頭看看我在交易上一路以來的發展，從一開始的雜亂無章，到現在漸漸開始有了明確的邏輯和原則。

　　我總是會提前設計好我的交易策略。每天晚上睡前，我會先推測隔天可能上演的劇情，針對每個腳本設定好完整的交易計畫。隔天實際上場的時候，再按照情況具體落實交易策略，雖然有時需要稍微臨機應變，但大致上的框架都早已事先決定。

　　用數學來比喻的話，交易日記就等同於解題的筆記本。背很多公式就代表一定很會解數學題嗎？數學還是得要多做，才能增強實力。解數學題，就是要買一本筆記本，然後用鉛筆隨處塗寫，製作出一本錯題筆記，接著檢討自己常錯的地方，避免以後再犯下相同的錯誤，這就是所謂「學習」的過程。

　　有一些人，十年來就只有動動手指頭，卻自吹自擂，說自己是精通股票的高手。有在做系統性學習的人，就算投資經歷只有一年，相較於沒有在學習的人，在各方面都會有所差異。

　　很多散戶以為學習就是去書店買幾本股票書，用眼睛掃過一遍，點

頭稱是，然後露出會心一笑，就以為自己學會了。**你們知道真正的股票學習是什麼嗎？就是從虧損裡、從實戰上學習。如果沒留下實戰經驗，這些經驗永遠不會被系統化。**

撰寫交易紀錄的方式沒有一定。但以我個人的經說，這件事對於提升交易能力很有幫助，所以我決定和大家聊聊。

● 股票線圖

我每天都會把期貨指數的線圖印下來，貼在每天的交易日誌上，然後標上趨勢線、支撐線和壓力線。我會貼上日K線圖、30分K線圖和5分K線圖；只有必要的時候，才會貼上分K線圖或選擇權的線圖。我近期比較少在現貨市場上交易，所以我很少會貼現貨市場的線圖，不過現貨市場的記錄方式也差不多是這樣。如果你是當沖交易人，我認為要貼上持股的日K線圖、30分K線圖和5分K線圖比較合適。如果你是波段交易人，不需要每天寫交易日誌，有交易的時候再寫就行了。

● 進場時機、出場時機、停損價或停損時機

進場時機畫紅色圈圈、出場時機畫藍色圈圈，獲利了結，但股價未達停損價時，只需要標記停損價格；倘若實際發生虧損，就以綠色三角型進行標示。

● 交易策略或原因

撰寫前一天針對各種情況設計好的交易策略，然後寫下實際進場或出場的原因，並記錄這次的交易結果是成功或失敗。還要記錄下，交易成功或失敗的原因，是否是交易策略設計上的問題，或是交易策略本身沒有問題，問題出在自己的心態控制失敗。這裡可以說是對於提升交易

實力最重要的部分。

● **具體的交易細節**

具體記錄買入金額、賣出金額、已實現損益、未實現損益、報酬率、投資組合變動明細。接著記錄整體資產的變動狀況，以及持股（或金融衍生商品）占整體財產的比重多寡。

● **簡單的事件與新聞**

如果遇到政治、經濟上的變化或事件，至少要記錄這些事件對股價造成多大的影響。以個股來說，如果那檔股票有新聞，務必要記錄下來，並寫下它和股價之間的相互關係，還要記錄新聞有沒有反映在股價上，如果有的話，反應的速度有多快？反應有多大？在這個過程中，投資人可以學會各種題材，以及這些題材在投資人之間，是被當成多大的利多或利空。

● **題材與產業現況**

這點看個人選擇，關於這部分我就不多說了。過去我在投資題材股的時候，每天都會調查漲停的股票，把相關的題材、上漲與下跌的產業做分類並記錄下來。我還曾經計算過上漲股扣除下跌股的數量。

● **確認股市周邊的條件**

定期確認利率、匯率、委託保證金的現況、主要原物料（黃金、石油、有色金屬、半導體⋯⋯等）的價格走勢、波羅的海航運指數⋯⋯等。重要指標公布的時候，也必須得記錄下來。如果要選出幾個重要的指標，有消費者指數、物價指數、貨幣供給量、GDP⋯⋯等。

簡單的市況和新聞、題材和產業現況、股市周邊情況的確認，其實忙碌的時候都可以跳過，或是之後再補上也無妨。但一定要養成習慣，一字不漏地記錄下自己的交易策略、進出場原因和交易明細。

> **❶ Power Message**
> 養成撰寫交易日記的習慣吧。撰寫實戰的交易日誌，可以把經驗系統化，防止衝動交易。

操盤手線圖
帶給你超越股價分析的洞察

把自己帳戶的累積餘額用線圖的方式呈現出來，我稱之為「操盤手線圖」。當操盤手線圖和交易日誌結合的時候，會形成非常強而有力的分析工具。

● 優秀的操盤手線圖 ●

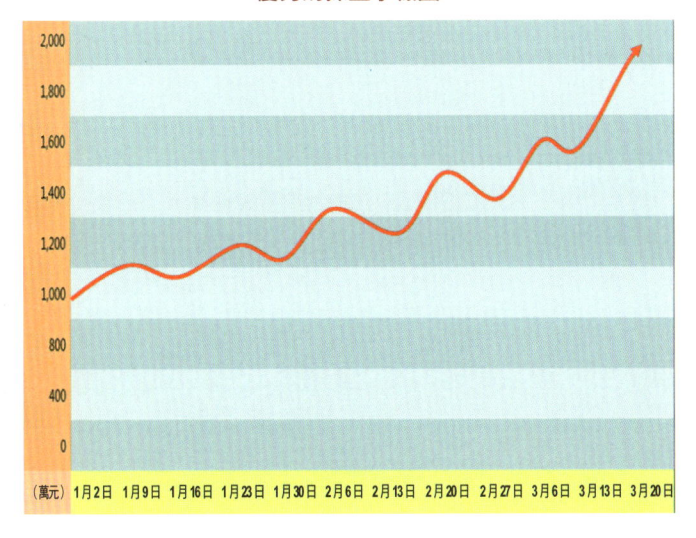

理想的操盤手線圖，當然是呈現波浪狀走揚，中間雖然會有些休兵期，但最好不要出現過深的山谷。

上圖就是接近理想的操盤手線圖，整體過程中都不斷保持獲利。

• 極度糟糕的操盤手線圖 •

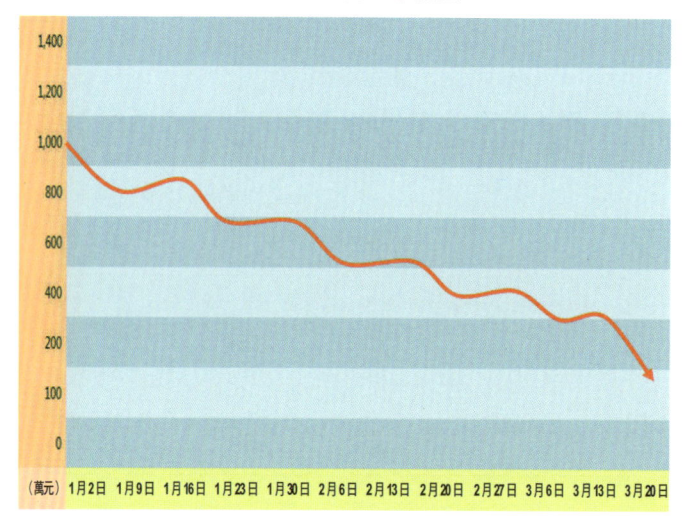

反之，上面這張圖幾乎就是最糟糕的操盤手線圖了吧？如果你畫出這種線圖，就應該先暫停交易，認真分析問題發生的原因。如果你堅持要憑著一股傲氣，繼續用相同的方式交易，早晚會吞下「歸零膏」。

• 風險管理不佳的操盤手線圖 •

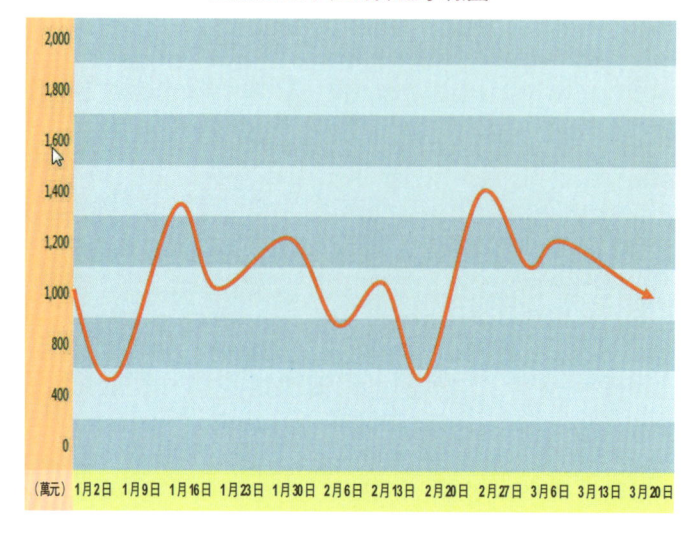

右頁下圖是典型風險管理沒做好的操盤手線圖。賺錢的時候雖然也賺了不少，但也會出現大幅度的虧損。結果操盤手線圖歷經好長一段時間，依然無法累積獲利，餘額反覆上下震盪。如果你是屬於這類型的交易者，請去研究看看造成你損益的根本原因，是單純因為你承擔了過高的風險，還是因為風險管理做得不夠好。

接下來的操盤手線圖上，追加了一些參考數據：平均交易金額、交易總額、交易次數，幫助我們可以更進一步判斷損益發生的原因。同時也給我們一個機會，檢討自己的投資傾向。

● 添加各種數據後的操盤手線圖 ●

從這張操盤手線圖上我們可以看出，帳戶資金大幅下跌與頻繁交易有一定程度的關係。平均交易金額大致上會跟著帳戶餘額的變化波動。

製作操盤手線圖，可以幫助我們用更客觀的角度，了解自己的投資傾向、優勢和弱點。只有先了解自己，才能成為真正的專家啊，不是嗎？

就像我們在做股票圖表分析時一樣，進行操盤手線圖分析的時候，

風險管理比獲利更重要・205

趨勢也很重要。你的操盤手線圖趨勢是向上走揚？橫盤？還是走跌呢？

　　優秀的投資人，線圖會呈現穩定上漲的狀態。有的時候，一些資深的選擇權投資人，線圖的走勢會長時間呈現緩跌趨勢，然後透過一口氣暴漲，讓資產更上一層樓。總而言之，理想的操盤手線圖曲線必須要持續走揚。

　　投資的時候，押注金額保持能一定比例是最理想的狀態。如果押注比例大幅上漲的時候，必須要有合理的理由，如果沒有的話，很有可能是因為交易心態崩壞所導致的。

　　帳戶餘額曲線走跌的同時，交易資金卻在增加，這並不是一種好的現象，就像是股票線圖一樣，雖然兩者的成因不同。當帳戶餘額正在減少，可是交易金額正在增加，就代表著你的押注比例正在增加，或是交易次數變得頻繁。

　　虧損發生時，反而要先愛惜自己的羽毛，但大多數投資人的共同點就在於，為了彌補虧損而強行投入不合理的金額。各位一定要記得，交易心態崩潰所導致的一時衝動，可能會讓你過去的努力功虧一簣。

　　反之，帳戶餘額曲線上漲的時候，交易資金增加是很自然的現象。不過，當交易金額上漲的幅度開始大於帳戶餘額上漲的幅度時，會是一種交易心態過熱的警告訊號。也就是說，接二連三成功所帶來的過度自信，正在滲透進投資人的心中。然而其他投資人也可能正處於相同的處境，所以必須要把這個情況和市場的狀態連結在一起，對此進觀察。

　　各位可以把你們懂的所有技術分析方法都套用在操盤手線圖上。很多投資人會看著自己的持股，祈禱著股價上漲，但其實投資人真正想要的並不是那檔股票上漲，而是看著自己的操盤手線圖走揚，不是嗎？所以說，比起為那檔股票煩惱，應該是要花更多時間考慮自己的操盤手線

圖，而這就是高手與其他投資人之間的差異！

分析操盤手線圖的時候，我們可以學到兩件事。

第一件：人類的本性。操盤手線圖會讓我們學到，生而為人每個人都有的大眾心態，這對於我們理解市場心理學很有幫助。

至於另一個是什麼呢？就是自己。每個人都有自己獨特的個性，而且這種特性會不自覺反應在交易之上。

某位我認識的投資人，他總是非常固執，不接受任何人給他的建議，只要有人對他的交易說三道四，他就會大發雷霆、懷恨在心。

我不知道他是否有意識到，只要他開始持有某檔股票，假如那檔股票虧損，他就會變得非常憂鬱，然後不停攤平，最後導致虧損放大到令他難以承受的程度。他虧損的原因不是市場，也不是因為選錯股，而是他自己的固執。

> **❶ Power Message**
>
> 去分析自己的操盤手線圖吧。有的時候，操盤手線圖比起分析股票線圖，更能帶給我們不同的洞察。歸根究底，重點不在於股價線圖有沒有上漲，而是在於自己的操盤手線圖有沒有暴漲啊，不是嗎？

交易即事業
把虧損管理擺在第一位

　　想把交易當成事業經營的投資人都必須知道，交易就跟其他事業一樣，銷售額會取決於景氣循環和產業景氣的影響，競爭會帶來銷售的增減，也會遇到短期的運氣因素和無法預測的外在效應。

　　舉例來說，民宿產業在旺季時因為遊客眾多，銷售額雖然會增加，但淡季卻是乏人問津，業績甚至會掛蛋。所以說，以老闆的立場來說，正確的做法是旺季應該調漲價格（增加投資金額），淡季時盡可能節省開銷。

　　把交易當成事業在經營的投資人，應該要建立基本的計畫，決定好在牛市、盤整、熊市下分別要採取什麼策略。就像是生意人不能對單一次的銷售額戀戀不忘一樣，把交易當事業的人，也不能過度執著在單次買賣的損益之上。

　　優秀的操盤手會把焦點放在交易本身，一旦進入市場，他們會把重心放在，自己是否有機械式地履行自己的交易策略，絕對不會憑感覺即興交易。交易策略最好要定期檢討和修正（以我為例，我每一季會執行一次策略更新）不過一旦你設定好了交易策略，這段期間就要好好遵守策略，這樣才能成為一位成功操盤手。不管再優秀的策略和技法，也只不過代表它們在統計學數據上的勝率略高一點罷了，所以為了評估策略和技法的好壞，比起一次性的績效，我們更應該關注中長期的成果。

為了更新策略，我們需要特別關注一些紀錄，其中包含策略執行期間所發生的最大虧損金額以及最長連續虧損天數，這些數值會反應出你現在正在使用的策略或策略組合的風險。接下來，要檢討的是最大獲利金額以及最長獲利天數，把這個數值當成報酬率，和風險進行比較也很有意義。除此之外，我們還需要考慮的重要數值有：平均損益比 average profit loss ratio、勝率和期間報酬率等等。

　　接下來，我們還要選擇交易的時間框架 time frame。以我為例，如果我在盤整的時候沒有休息，就主要以當沖期貨為主，或是在感知到市場效率低落的時候，會以短暫進出場為主。基本上我不喜歡做選擇權雙賣策略（希望各位去搜尋一下，當年導致霸菱銀行破產的部位長什麼樣子）我會盡量避免進行這種的交易方式。

　　等到趨勢明朗之後，我會進行趨勢買賣，持有中長期部位，這段時期當然是獲利最多的時期。偶爾市場波動加大的時候（就像 2008 年 10 月股市崩盤），我會以波段的方式進行選擇權的雙買策略，從中大撈一筆。市場上絕對沒有什麼一定正確的交易時間框架。

　　網路上經常有人問我，剝頭皮好嗎？當沖好嗎？波段好嗎？其實這些問題很難回答。能夠帶來大額獲利的交易時間框架，其實會隨著行情的狀態改變，所以不能很明確的說出什麼方式賺得比較多。

　　如果可以決定機械式休兵的原則會更好。以我自己為例，我的休兵原則是，當我連續執行了十次的虧損，就要保留一段時間對市場保持觀望的態度，同時檢討自身的問題和我的交易策略。連續停損十次，代表我誤判行情，或是我的策略和行情之間並不匹配，不管是哪一種情況，都有必要進行檢討。

　　以交易為業的人最基本一定要認知到，市場永遠都有機會。與其惋

惜自己錯失良機，不如為自己沒有虧錢而感到高興。好比巴菲特的第一條投資守則是「不虧損」，第二條守則是「不要忘記第一條守則」一樣，我希望各位都要記住，虧損管理很重要。

設定交易策略的時候，策略的重點要擺在：「買進時，盡可能討價還價；賣出時，盡可能高價賣出。」也就是說，我們必須順應趨勢，買進的時候要找到回檔的位置，賣出的時候要先思考短期反彈的位置在哪。

在市場上買賣物品的時候，人們永遠只能順從市場的售價，從這點來說，我們雖然是價格接受者 price takers，但是在進行個別交易的時候，我們隨時都可以討價還價。熟悉討價還價的技術，也是成功獲利不可或缺的因素。

成交之後，外在的成功因素裡，要先確保資訊不落人後。去訂閱兩家以上不同證券公司的市場報告，這可以幫助我們了解目前經濟狀態的脈絡。完成這場交易後，下午寫完交易復盤和交易日誌後，絕對不能偷懶，還是要去閱讀跟經濟和政治相關的重點新聞。這些資訊雖然不會直接對交易策略造成影響，但是我的經驗告所我，這會對建立交易策略的整體脈絡帶來潛移默化的幫助。

除此之外，如果你運氣不錯，最好可以和外國證券公司的員工建立人脈。還要做好自我管理，定期和其他投資人或是朋友打交道、一起談天說地，不要讓自己過度與社會脫節。除了一定要運動維持體力以外，雖然收盤前沒辦法好好吃一餐，但晚餐一定要按時吃。

就我而言，我睡前三十分鐘到一小時會閱讀跟經濟有關的書籍，努力了解經濟模式的轉變。**有的時候，我不會只看財經書，也會透過人文類書籍豐富自己的精神世界，讓自己不要成為目光狹隘的股民，幫助自己活出一個完整的人生。**

> **❶ Power Message**
> 把交易當成一種事業。事業本身就有淡旺季,也有競爭對手,所以交易也一樣,有順和不順的時候,考慮市場上競爭者的數量也很重要。

規劃策略
先解讀市場吧

交易策略具體來說，可以區分成選擇時間框架、進場策略、出場策略與停損策略。先解讀完市場後，我們才能建立這些策略。策略一旦建立好之後，投資人在場中就應該機械式的執行策略。

解讀市場→規劃策略→機械式執行策略

只要這三階段缺了其中一樣，長期下來就很可能會淪為市場裡的失敗者。所謂的解讀市場 market reading，指的是透過經濟分析、供需分析、線圖分析對行情進行診斷。解讀市場大部分都屬於腦力工作 brainwork。投資人努力搜集各種資訊，積累背景知識，目的就是為了提升解讀市場的能力。

設定策略的時候，首先要決定預期想持有的時間，也就是所謂的時間框架 time frame。然後再根據時間框架，決定策略要用的線圖，如果是當沖，就看 5 分 K 或 1 分 K；如果做的是波段 swing trading，就會選擇 30 分 K 以上的線圖。

接下來，要決定線圖上發生什麼事件的時候，要進場、出場或停損。這世界上絕對不存在正確的交易策略，根據情況不同，每種策略都會帶來不同的成效。

接下來，我來舉幾個交易策略的例子吧？

股價突破前高點進場策略
- ◆ 時間框架：波段交易
- ◆ 交易標的：現代汽車
- ◆ 適用線圖：現代汽車日 K 線圖
- ◆ 停損策略：股價跌破前高點 1 根 K 線以上
- ◆ 進場策略：股價突破前高點後，於次日以開盤價進場
- ◆ 出場策略：股價跌破 12 日均線後，於次日以開盤價出場

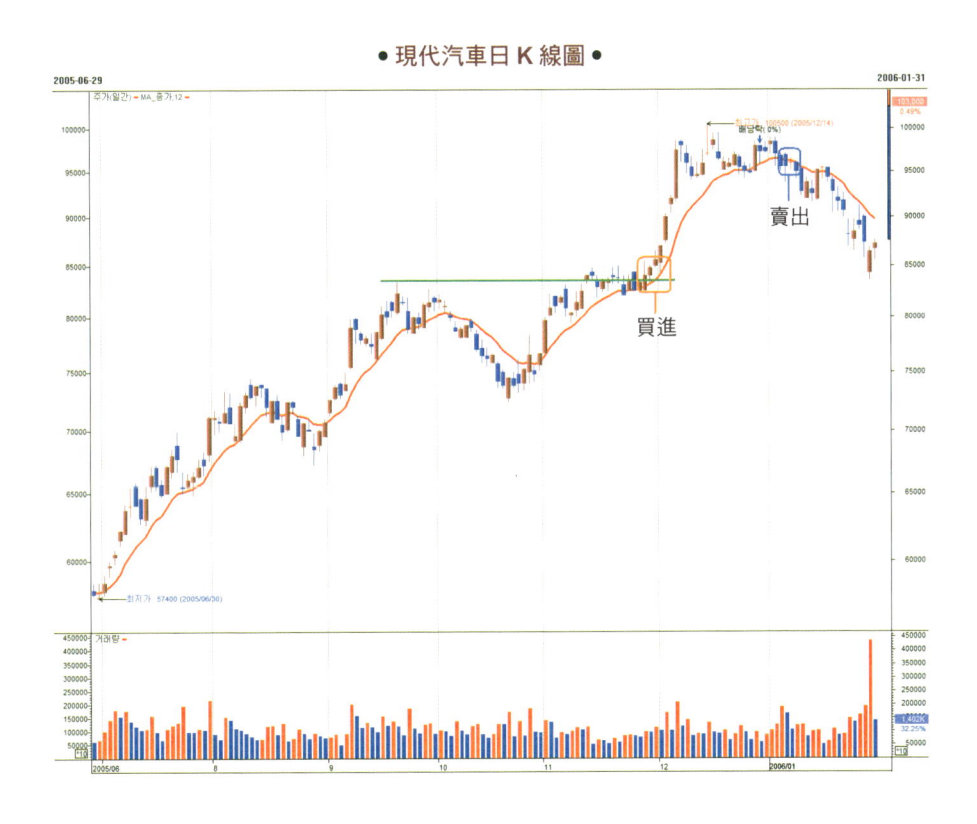

● 現代汽車日 K 線圖 ●

風險管理比獲利更重要・213

支撐線買進，壓力線賣出策略

◆ 時間框架：當沖

◆ 交易市場：KOSPI 200 期貨

◆ 適用線圖：期貨指數 5 分 K 線圖

◆ 停損策略：支撐線 -0.2pt、壓力線 +0.2pt

◆ 進場策略：股價在壓力線回跌，支撐線上反彈後

◆ 出場策略：股價達到壓力線或支撐線

● 股價指數期貨 6 月 5 分 K 線圖 ●

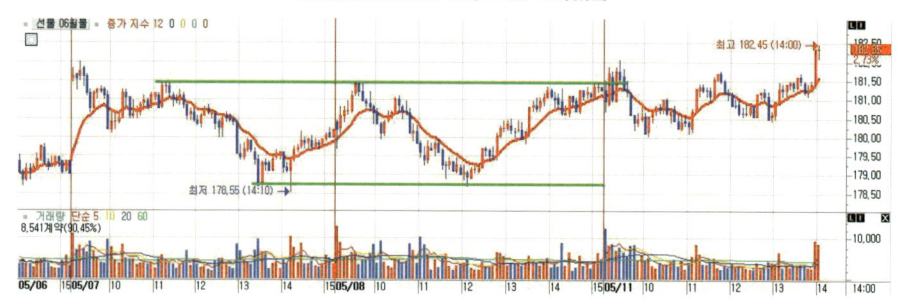

假設交易日是 5 月 8 號，我們就把 5 月 7 號形成的高點和低點，暫時設定為壓力線和支撐線，分別落在 181.50 點和 178.55 點左右。

我們來觀察一下 5 月 8 號的市場吧。開盤後股價從 181.50 點回落，此時我們可以先掛一單 181.70 點的自動停損單，接著以賣空的方式進場。當期貨指數來到 178.60 點左右，就可以實現收益。

果不其然，股價在支撐線附近成功反彈。這個時候我們先掛一單 178.35 點左右的自動停損單，接著以做多的方式進場，等指數來到 181.40 點附近就可以實現收益。由於時間框架是當沖，所以靠近收盤時間就不再繼續交易了。

上面這些案例，目的只是為了讓各位了解交易策略應包含哪些面向。

交易策略的種類無窮無盡，所以我們才會說，交易是一種藝術，不是嗎？

把策略應用在實戰投資上的時候，越是新手，越建議使用自動停損的功能，這個功能換句話說就是：當行情滿足特定條件的時候，系統就會自動強制停損，無關於你的意願如何。大多數的 HTS，都有支援這項功能。

自動停損的功能之所以重要，是因為大多數新手雖然都設定了停損策略，但等到真的要停損時，卻又因盲目的期待，錯過了停損的時機。倘若錯過一開始決定好的停損時機，等到虧損放大到一定程度以上時，逃避虧損的心態，會使停損變得難上加難。最後就導致投資人成為非自願的長期投資人，衍生商品的投資人甚至還會賠光所有的資本。

> **❶ Power Message**
>
> 上面這些案例，都只運用了基礎的策略。我之所以提到這些例子，是為了讓各位實際看到事前如何建立交易策略，以及後續如何履行。每次進行交易之前，一定都要事先建立好自己的交易計畫。

簡易的期貨交易策略
運用均線交叉策略，長期下來也能獲利

　　由於期貨報價每跳一檔，都會讓未實現損益發生大幅變動，投資人在心態上往往難以進行長線投資。也因此，比起用週 K 線圖，以日 K 線圖為主進行交易，可以讓心態更穩定。相較於現貨市場，機械式交易對期貨交易而言更加重要。

　　下面是其中一種可以應用在期貨市場上的策略樣本。各位可以把這個策略，按照自己的方式修改後，練習應用在實戰上，應該會很不錯。

簡易交易策略

- ◆ 首先要以 20 日線為基準，判斷指數目前在上方或下方。
- ◆ 如果指數位於 20 日線上方就買進；如果指數位於 20 日線下方就賣出，以此作為原則。
- ◆ 倘若指數位於 20 日線上方，當指數和 5 日線形成黃金交叉時買進，死亡交叉時賣出平倉。
- ◆ 倘若指數位於 20 線下方，若指數和 5 日線形成死亡交叉時賣出，黃金交叉時買進平倉。
- ◆ 當虧損達到 4% 時停損賣出。

　　這是人人皆知的均線交叉策略。這種簡易的策略，真的能夠讓我們

在期貨上獲利嗎？我相信長期下來是可以獲利的。我們按照下列的歷史數據，針對這個策略進行模擬吧。

- 初始資本：2000 萬韓元
- 交易契約數量：1 口
- 模擬期間：1996 年 4 月 15 日～2009 年 7 月 29 日
- 總損益：約 7700 萬韓元
- 勝率：43%
- 對比初始資本之報酬率：386%
- 年化報酬率：42%
- 最大資本虧損額：約 2600 萬元

●累積損益曲線圖 1●

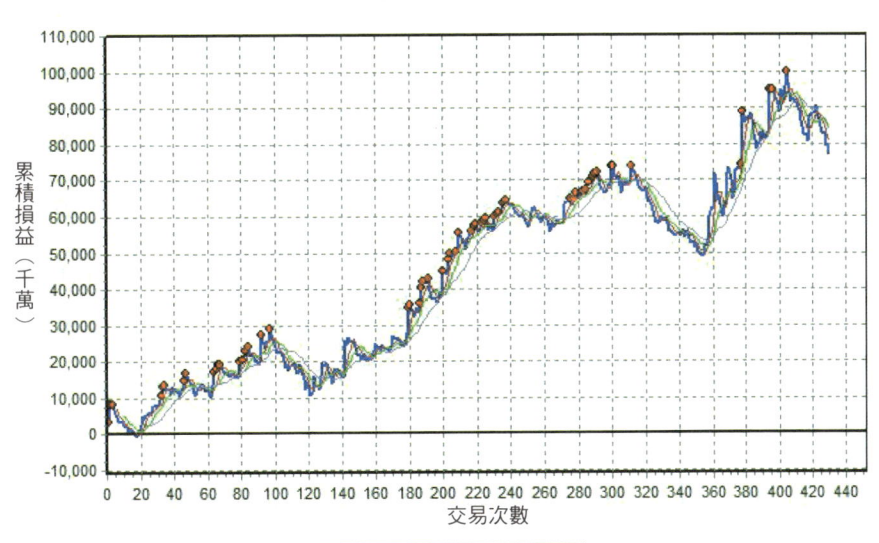

風險管理比獲利更重要・217

從上方的累積損益走勢中可以看出，一定的週期內，會出現連續獲利或連續虧損的區間。由此可知，當我們在趨勢期間獲利時，如果在盤整時遭遇逆循環，就會發生虧損。

所以說，倘若某位投資人進場的時候運氣很差，不斷虧損，就很難繼續執行這個策略。這個交易方式的風險在於，連續虧損所導致的最高虧損額，大約是 2600 萬韓元左右。如果你很倒楣，在累積一定程度的收益之前，先遇到了如此龐大的虧損，就會面臨破產。這是此交易方式本質上具有的風險，也是大多數趨勢追蹤技法最大的問題之一。也就是說，擁有 2600 萬左右的資金是使用這檔策略的進場門檻。

順帶一提，20 日均線和 5 日均線是這檔策略的基準點，如果把這兩個均線應用在週 K 線圖上，會發生什麼結果呢？按照我們的預測，長期線圖的績效應該會更加穩定。

結果如下：

◆ 初始資本：2000 萬韓元
◆ 交易契約數量：1 口
◆ 模擬期間：1996 年 4 月 15 日～ 2009 年 7 月 29 日
◆ 總損益：約 9300 萬韓元
◆ 勝率：37%
◆ 對比初始資本之報酬率：466%
◆ 年化報酬率：52%
◆ 最大資本虧損額：約 1700 萬元

我們可以看到，長期線圖的錯誤訊號發生的頻率確實減少了，但也導致交易次數大幅銳減。

• 累積損益曲線圖 2 •

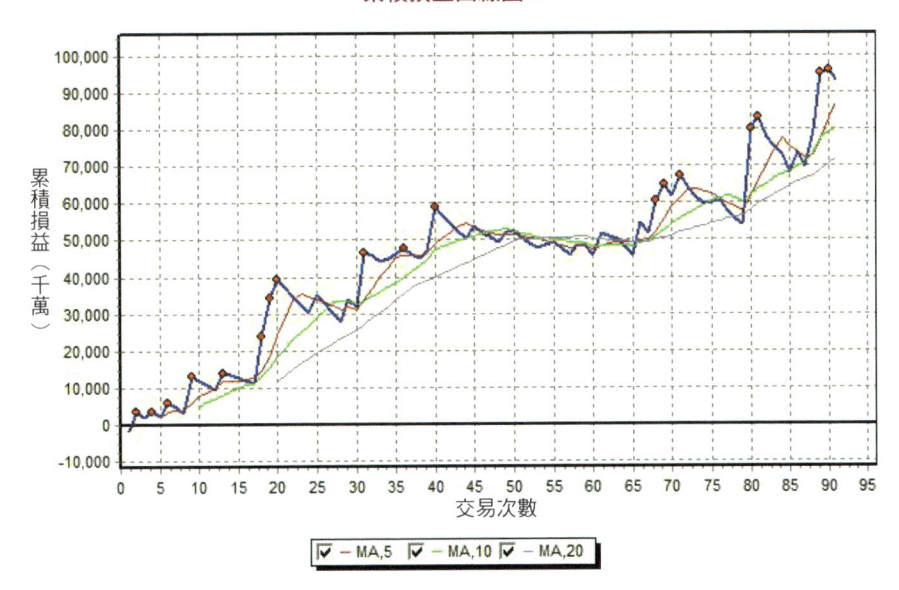

交易次數 40～65 次的區間裡，累積收益處於長期橫盤的狀態，遇到這麼長時間沒有獲利，大多數投資人都會選擇放棄趨勢追蹤，這也是這檔策略的問題所在。

這檔策略的最大虧損額大約是 1700 萬韓元，雖然比日 K 線圖穩定，不過對於資本額不大的投資人來說，這筆錢依然是一種負擔。結論是，這種簡易策略若要發揮效果，基本上需要有充足的資金，而且必須進行長線投資。

> **① Power Message**
> 簡易的均線交叉策略長期下來也能讓我們在期貨市場上獲利，不過問題在於，有初期破產的風險，為了解決這項風險，要在資金充沛的狀態下才能開始交易期貨。

Chapter 7
・
虛擬訪談

「Beauty53」
與散戶「小傻」的對話

我已經把我所知的操盤方式都告訴各位了,有幫助到你們嗎?希望各位不要忘記我千叮嚀萬囑咐的那些事。這個章節會以虛擬訪談的方式進行,由我來為許多投資人共同好奇的問題進行解惑。

> 🔍 基本面

應該再更信任股價多一點

小　　傻：您好，Beauty53 大大。謝謝您邀請我進行訪談。

Beauty53：您好 ^^。

小　　傻：我在閱讀 Beauty53 大大的文章時，發現您幾乎不會討論股票的基本面，這是其中一項我最好奇的地方。

Beauty53：對，大家可能都會有這種感覺。

小　　傻：所以您是否定基本面投資嗎？我覺得應該也有很多人跟我一樣很好奇，再麻煩您答覆了。

Beauty53：我並不否定基本面投資。只是我覺得基本面投資跟交易，完全屬於不同的領域。

小　　傻：不同領域是什麼意思？

Beauty53：基本的概念不一樣。所謂的基本面投資要秉持著長線的投資觀點，嚴格來說，基本面投資下注的不是一檔股票，而是一間公司。不過一家公司的變動，不會像股票一樣這麼快速，想要看到一家公司發生變化，不得要花個幾年嗎？

小　　傻：雖然這樣說也沒錯，不過股價也會反應出基本面啊，不是嗎？就算買的是股票，也應該還是要考慮基本面吧？

Beauty53：短期內會造成股價波動的基本面，早就已經反應在股價上了。也就是說，所有業績表現或短期利多與利空，都早已跟股價

融為一體了。

小　　傻：那有什麼基本面是不會反應在股價上的？

Beauty53：我也不太清楚，但我相信確實有這樣的東西存在。以巴菲特為首，市場上還有很多大獲成功的價值投資人，他們的成功無法單純只用運氣來解釋。

小　　傻：這樣的話，基本面對操盤手來說不就毫無意義了嗎？

Beauty53：如果說操盤手想要關注基本面，那應該關注的是那些無法輕易達成的基本面。其實這種資訊與其說是基本面，更應該說是一種故事，可以刺激普羅大眾的那種故事。

小　　傻：可以再說得更仔細一點嗎？

Beauty53：我來舉個例子吧？業績好轉的新聞，對於操盤手而言無意義，但是業績「可能」轉好的新聞，卻會帶動股價上漲。

小　　傻：啊！原來如此。

Beauty53：有的時候，業績好轉的新聞不是反而會導致股價走跌嗎？原因就在於，如果公司的業績改善的情況不符合投資人的期待，這段時間過度上漲的股價就會遭到修正。

小　　傻：聽完您這一席話，我感覺讓股價發生波動的不是情報，而是市場參與者的期待。

Beauty53：所以說，有人把股市稱為「期待生態系」，我覺得形容得很貼切。

小　　傻：期待生態系……好像真的說進我心坎裡了。

Beauty53：操盤手必須要相信股價。就算有再多理論證實股價可能會上漲，但只要股價聞風不動，我們就沒理由在裡面站崗。操盤手要在有錢流的地方投資。

> 🔍 技術分析

先分析長期趨勢

小　　傻：我已經了解，相較於基本面，您更相信股價本身。說到底，您從事的就是技術交易。在技術分析裡，您認為最應該被重視的是什麼？

Beauty53：我認為應該要先分析長期趨勢，很多人都會疏忽這個部分。

小　　傻：長期趨勢要怎麼分析呢？

Beauty53：沒有正確答案。以我個人為例，我通常會以 KOSPI 週 K 線圖上的 12 週均線為基準點，確認股價處於其上方或下方。

小　　傻：這麼簡單嗎？

Beauty53：股市本來就沒有很複雜。

小　　傻：那你第二重視的是？

Beauty53：時間。操盤手通常會很關心股價，但是最重要的因素應該是時間，也就是要關注波動的週期。

小　　傻：我第一次聽到這種說法。

Beauty53：大家只是藏著不說，其實大多數的交易高手都很重視股價波動的節奏。不知道我會不會說太多了。

小　　傻：嗯……那麼 Beauty53 大大覺得技術分析的可信度有多少？

Beauty53：我其實不太相信這一套耶，我只不過是在追著強勢的行情跑罷了。

小　　　傻：^^; 這個回答真令人意外。操盤手竟然不太相信技術分析。
Beauty53：因為我覺得重點不是預測行情，重點在於感知風向。實際上，感知風向所需的技術分析工具並不多，但人們卻沉醉在過分複雜的技術分析裡。
小　　　傻：這段話我要好好銘記在心。

> 🔍 投資策略

追求簡單的原則

小　　傻：閱讀您的文章時，真的可以感覺到您的策略都很簡潔有力。坦白說句不好聽的，看起來有點單純無腦。

Beauty53：^^; 你講話還真直。對，我追求的策略都很單純無腦。但是我長期追求這種單純無腦的策略，最後卻讓我獲利滿滿。其實投資祕訣並沒有遙不可及、也並不複雜。祕訣是要建立一套堅定的投資哲學，把它融會貫通，然後帶著這份理解，堅持不懈的追求這個理念。每當有人問我祕訣是什麼的時候，我都很尷尬，因為當我這樣回答他們，大家都會認為我在模糊焦點，但我真的就只有這套投資哲學。^^; 據我所知，這就是所謂的祕訣，也是賺錢的方法。

小　　傻：我很好奇是什麼契機，讓您開始追求這種簡單的策略？

Beauty53：我有一位恩人兼恩師，但他已經不在了。關於投資的一切，都是他教導給我的，甚至連我的人生哲學都受到了他的影響。

小　　傻：人生哲學嗎？……雖然好像有點離題，不過您可以稍微聊一下這塊嗎？

Beauty53：我不認為這有離題。我反而覺得你問了一個好問題，交易哲學跟人生哲學，其實一脈相承。如果你問我，人生旅程中，擁有屬於自己的哲學和原則，究竟有什麼意義？我會告訴你，

　　　　　我覺得很有意義。如果你堅持按照自己的原則過生活，當然會遇到因此吃虧的事情。但是長期下來，你也會因為這份原則，在人生中功成名就。反而是沒有原則，被眼前的利益或短暫的流行所影響，這種人絕對無法靠近自己的人生目標。隨波逐流，最終人生結束在一個自己不願意的地方。

小　　傻：嗯，聽起來確實和交易息息相關。

Beauty53：沒錯，執行趨勢交易無可避免一定會遇到虧損，就像是為了呼吸就必須吐氣一樣，停損也是趨勢交易的一個部分，如果不能接受這一點，就無法從事趨勢交易。為了吃一波大趨勢，我們就必須得在小趨勢上虧損。如果因為害怕虧這些小錢，到處亂竄，終究會一事無成。交易需要有膽識和韌性。

小　　傻：那麼我們要怎麼做，才能培養出膽識和韌性呢？

Beauty53：我想建議各位嘗試量化交易。量化交易必須排除人類的情緒，跟著訊號機械式進行交易。從事量化交易的過程，各位會體悟到，你的情緒和交易訊號到底有多不一致。經歷這種不一致，其實是很珍貴的經驗。因為跟自己的情緒唱反調，是邁向高階操盤手的關鍵過程之一。

> 🔍 資金管理

利用比例原則進行風險管理

小　　傻：您認為資金管理的重要性不亞於交易,可以針對這一點做個解釋嗎?

Beauty53：對,我非常重視資金管理,但其實沒有什麼太複雜或太困難的地方。

小　　傻：可以聊一下資金管理應該怎麼做嗎?

Beauty53：資金管理其實也沒什麼,就是只拿賠掉也沒關係的錢來投資,這就是資金管理的一切所在了。

小　　傻：蛤?這麼簡短嗎?

Beauty53：對啊。如果用數學的方式來表達,就是固定比例投注法 fixed fraction betting 。

小　　傻：固定比例投注……,您的意思是每次只拿本金裡一定比例的金額出來投資吧。

Beauty53：對。例如一位初始資金是 10 億韓元的人和只有 100 萬韓元的人,可以承擔虧損的幅度絕對不同。初始資金有 10 億的人,就算虧了 1000 萬,也還算是可以忍受,但對於只有 100 萬的人來說,如果虧了 1000 萬就等於是破產加負債了。

小　　傻：所以就是要按照自己持有的資金調整籌碼的多寡吧。

Beauty53：沒錯。但是大部分散戶卻都反著來。當資金規模因為持續虧

　　　　　損而縮小的時候，散戶不是更小心翼翼，反而是為了彌補虧損去舉債，最後導致自己負債累累，這就是為什麼散戶會破產的原因。

小　　　傻：聽您這麼一說，確實如此。急著想要賺回虧掉的錢，反而需要更多資金，如果又再虧損，損失的金額當然會放大；接著又為了回本，又需要更大筆的資金……就這樣形成了惡性循環。

Beauty53：你形容得很好。我們之所以能賺錢，是市場讓我們賺到了錢，所以所有散戶的戶頭，其實都會出現類似的律動。換句話說就是，我賺錢的時候，隔壁的小金、樓下的小朴都在賺錢。問題在於市場走跌的時候，所有人都會賠錢，這件事不是投資人的錯，是因為市場不讓我們賺錢。但是卻有投資人會在這種情況下，想靠著自己的力量打敗市場，誤以為他只要繼續投入更多的資金，就能把虧損救回來。然而，這種時候市場通常處於熊市或盤整期，所以根本賺不到錢。從結果看來，散戶忙著在賺不到錢的市場上獲利，甚至不惜利用信用投資，過度加碼。所以說，散戶總是都在反其道而行。

> **選股**

建議交易指數或投資領導股

小　　傻：不管怎麼說，相較於金融衍生市場，大多數投資人還是都在現貨市場上走跳，所以選股還是投資人非常關注的其中一個項目，可以請您聊聊這部分嗎？

Beauty53：那些試圖想長期戰勝市場的人，大多數都無功而返，這一點是眾所皆知的事實。所以說，我認為指數交易很適合一般投資人。如果你還是堅持要挑戰，想超越市場的報酬率，那我會建議你投資領導股。

小　　傻：什麼是領導股？

Beauty53：領導股指的是某一段時間點，引領指數上漲的最強勢股。這並不困難，找出領導股最簡單的方法，就是採取自上而下法 Top-Down Approach。換句話說就是，先找出最強勢的產業，然後再找出這個產業裡漲勢最強勁的股票。

小　　傻：定期比較各產業的指數，應該很有幫助吧？

Beauty53：那當然，所以說我們要選擇投資漲勢最強的產業。以長期的觀點來說，我們還必須同時監控那些被冷落的股票。歸根究底，資金總會從過熱的市場流向冷門的市場。雖然不知道什麼時候會發生，不過錢也會從高處往低處流，所以被低估的產業總有一天也會迎來春天。

小　　傻：所以選股的時候，比起基本面，我們更應該參考價格本身嗎？

Beauty53：是的。價格會反應出所有資訊，所以操盤手指要關注價格就行了。但是稍微去關注一下強勢上漲的產業為什麼會上漲，也不是件壞事。

小　　傻：那您對於交易炒作股有什麼想法？

Beauty53：其實只要實力夠堅強，不管是什麼股票或市場都能買啊，不是嗎？當行情發生變動，肯定就會有應對的方法。我已經反覆強調很多次了，我不是押注個股或市場的投資人，我是一位押注價格波動操盤手。對我來說，我買賣的東西為何並不重要，我也不太在意那樣東西是不是有價值，我只在意那樣東西的行情變動。

小　　傻：市面上有很多書，會教投資人如何在盤中找出炒作股，您在這方面有什麼祕訣嗎？

Beauty53：沒有。我只有一個條件：「買上漲的股票、賣下跌的股票。」但最好可以了解一下中小型股和大型股行情循環的特性。大方向來說，不管哪一檔股票，上漲和下跌週期的節奏都很一致。差別在於行情噴發時持續的時間，大型股往往是長時間慢慢上漲，中小型股則傾向於瞬間暴漲。從結果來說，當一個市場循環結束的時候，其實報酬率是差不多的，只不過從某個時間點切入的話，大型股看似是持續緩漲，但中小型股大多時間都處於停滯狀態，只有在非常短暫的區間內行情會發生劇變。

> **投資技法的風潮**

趨勢交易是一場生存遊戲，實踐起來並不容易

小　　傻：趨勢交易某個角度看來好像很簡單。知道趨勢交易效果極佳的投資人，應該都會轉為操作趨勢交易法，在這種競爭狀態下，會不會導致每個人分到的羹變少呢？

Beauty53：趨勢交易的概念很簡單，但要照著這個概念執行，絕對不簡單。^^; 大多數的操盤手，只要一段時間沒有賺到錢，就會放棄趨勢交易了。趨勢交易並不像價值投資一樣容易大眾化，雖然嘗試趨勢交易的人不少，不過能堅持到最後的人並不多。

小　　傻：您的意思是，就算趨勢交易的手法廣為流傳，依然不會導致趨勢交易本身發生崩潰嗎？

Beauty53：短期內確實可能崩潰。例如，當散戶一窩蜂進場時，市場上會充滿雜訊，導致趨勢交易的績效變得一塌糊塗，但是能在這個區間段裡存活下來的操盤手，就能等到所有散戶離場後，走入真正的趨勢。

小　　傻：趨勢交易的重點除了追蹤趨勢以外，在市場上生存下來，等到真正的趨勢展開也很重要啊。

Beauty53：對，就是這樣。趨勢交易是一場生存遊戲，可以說是一場比賽趨勢發生之後，誰能在市場上生存最久的遊戲。

小　　　傻：真是一段名言佳句，原來是一場生存遊戲啊……。

Beauty53：追蹤趨勢其實就是追隨潮流，追蹤趨勢這個行為雖然很簡單，不需要多做說明，但是掌握潮流這種事情，只有隨時都在關注市場狀況的人才辦得到。總而言之，趨勢交易的成功不在於知識量，而是取決於投資人對原則遵守的程度、有沒有恆心毅力堅持操作趨勢交易，以及夠不夠勤奮地去觀察趨勢的發生。

小　　　傻：我突然想到，如果為了減少競爭對少，可以選擇大眾不交易的市場嗎？

Beauty53：這個想法很好。但是不能在停滯不前、沒有趨勢發生的市場裡交易，而是要找到沒被大眾注意到、但趨勢很明顯的市場。我個人建議，更好的方式是選擇交易長期市場。

小　　　傻：什麼是長期市場？

Beauty53：換句話說就是，比起用分K線圖追蹤的趨勢，用日K線圖追蹤的趨勢更好；比起用日K線圖追蹤的趨勢，週K線圖更能減少錯誤訊號發生的頻率，這是更有效率的方法。

小　　　傻：啊，原來如此。是因為大眾總是會跟著短期預期行動嗎？

Beauty53：可以這麼說。近來當沖人數大幅增加，導致短期市場已經變成了紅海。所以之前有一段時間，開盤後一小時內形成的交易範圍，會形成高點和低點突破的方向，只要跟著趨勢走就能大舉獲利。不過現在這種單純的策略已經不管用了，因為操作這種突破系統交易的操盤手太多了，結果市場的噪音大幅增加，錯誤的訊號太多，導致勝率大幅下滑。

小　　　傻：交易的藍海終究是長期市場啊。

Beauty53：想要照著長期線圖的訊號交易，其實沒有想像中簡單。特別

是期貨交易，就算只是小幅度的行情變動，也會使未實現收益發生大幅度的變動，所以常常會為了繼續持有現在的部位，需要額外支付保證金。利用長期線圖交易，也要擁有相對強勁的膽識和毅力，所以競爭者並不多，出現錯誤訊號的頻率也相對不高。

> **趨勢交易法**
>
> # 對散戶而言最簡單的投資方法

小　　傻：所以您覺得可能的話，所有市場參與者最好都使用趨勢交易法嗎？

Beauty53：那是當然的。還有一些人，他們可能沒有意識到自己在追蹤趨勢，但卻從中獲利。過歸根究底，你了解過後會發現，市場上的贏家全都是在趨勢波動下交易的人。所以說，所有市場參與者的目標當然都是順勢而為。^^;

小　　傻：我好像問了一個蠢問題。

Beauty53：在我看來，你好像覺得趨勢交易是行情上漲就買、下跌就賣。市場上當然需要有冷靜判斷的投資人，如果所有人都在別人買的時候就買、賣的時候就賣，那市場還能運作嗎？交易這種事情一個巴掌拍不響，市場上永遠都存在著各式各樣的想法和理念。

小　　傻：那我換個問法吧。您為什麼會建議大家在高點買進、在低點賣出？

Beauty53：^^; 首先，第一個原因在於，這是我的交易哲學。除此之外，我認為這個方法對於在資訊戰上落後的散戶而言，是最簡單的投資方法。

小　　傻：資訊戰嗎？……

Beauty53：散戶接觸到的永遠都是垃圾資訊或誤導性資訊，所以我們不能打資訊戰，要打價格戰。

小　　傻：這個形容方式很特別。所以真的有能搶先獲得資訊，四處散播垃圾資訊和誤導性資訊的群體嗎？

Beauty53：這個問題好像只是想從我嘴裡，再驗證一次你已知的事實吧？當然是有這種群體啊。^^; 舉個例子吧。如果你是○○產業公司的大股東，你就會最先拿到公司內部的資訊。不對，更準確來說，你就會是創造出內部資訊的源頭。當你擁有這種特殊地位的時候，你不會想利用它做些什麼嗎？也許有一些人，平常對於股市完全不感興趣，但應該沒有人不關心自家公司的股價吧？

小　　傻：確實是這樣。

Beauty53：以前還有大股東為了贈與股票給自己的子女，引發股價崩跌，這件事應該眾所皆知吧。應該沒有股東會不知道自家公司的股票會暴漲還是暴跌，這些特殊現象的背後，用想的也知道不可能沒有他們參與其中，就算這些現象的發生不是因為他們，但他們對於自家股票意外發生劇變，還是能很快做出應對。對於他們來說，股票持分代表著經營權，所以非常重要。

小　　傻：我不知道為什麼對這種故事最感興趣。可以繼續聊聊藏在螢幕背後的「他們」嗎？

Beauty53：^^; 這些事情，你就算知道了也毫無意義。嗯……為了強調各位為什麼要採用趨勢交易，我再稍微進一步做個說明吧？

小　　傻：好～

Beauty53：股價的波動，核心永遠取決於大股東。可以說，市場上看到的所有新聞，都是經過他們同意後才公開的。總而言之，這

種所謂的資訊，其實都是在他們的同意下流傳出來的，如果他們想隱瞞，有各種方式可以掩蓋。就算在相對透明的美國，像安隆公司做假帳這種內部人士不道德的行為，依然不斷在發生。不管法律再怎麼禁止內部交易，其實都是徒勞無功。

小　　傻：所以說，散戶判斷一家公司的狀況時，終究只能接觸到那些按照大股東意思放出來的新聞。

Beauty53：通常是這樣說沒說。當然，他們定期需要提交的季報等資料，雖然有點不同，不過季報不是影響股價的直接因素，對吧？季報早已反應在股價上了。

小　　傻：我感覺已經看見了市場上的階級制度了。

Beauty53：到目前為止，我們聊的都是個股的股價，千萬別忘了，還有另外一個可以任意擺布整體市場的群體。韓國市場上最大的資本集團是「海外避險基金」，他們能夠透過金融衍生市場，撼動韓國的指數。

小　　傻：海外避險基金嗎？外資不是應該對我們國內的企業資訊一片空白嗎？

Beauty53：比資訊更強的東西叫做「資金」。只要夠有財力，可以讓股價上漲或暴跌，資訊哪有什麼用？只要到金融衍生市場上稍微交易過，你就會知道，韓國的指數掌握在外資的手裡。只要外資積極買進幾千億韓元的期貨，當天的指數就會上漲，但只要他們拋售就會下跌。海外避險基金是用金錢的力量，克服他們在資訊方面的劣勢。也就是說，他們的方法是：「我不懂你們國家的遊戲規則，但我們會用我們的規則來跟你一決勝負。」

小　　傻：這真的可行嗎？

Beauty53：1992年喬治・索羅斯 George Soros 的量子基金襲擊英鎊的事件非常有名。當時索羅斯認為英鎊已經被高估，所以他開始積極賣空英鎊，像我這樣的趨勢交易人，看到後也跟著開始賣空，導致英鎊對美元的匯率重挫20%。當然，此舉讓索羅斯賺進了天文數字般的獲利。

小　　傻：哇，太帥了吧！

Beauty53：^^; 除了索羅斯的量子基金和老虎基金以外，全球還有數千檔知名的避險基金。他們的資金實力，可以撼動新興市場的金融衍生商品市場，所以他們通常會以此當成投資標的。他們一旦對市場造成衝擊，就會引發資金的跟風效應，更何況連我這種不起眼的散戶也會積極追隨他們創造出來的趨勢，所以行情波動就會被放大，不是嗎？這種情況確實會發生。

小　　傻：金融衍生市場感覺是一個競爭很激烈的地方。但是政府為什麼會放任金融衍生市場掉入外資的手掌心裡呢？

Beauty53：因為他們的行為絲毫沒有犯法。他們進行的是一場公正的遊戲，沒有利用內部資訊，只不過是投入鉅款之後再抽走而已，政府能說什麼？而且韓國本土的證券公司，會透過外資撼動期貨市場的時創造出來的基差 Basis 套利，所以他們還要感謝外資免費讓他們獲利呢。結果最可憐的還是淪為送財童子的散戶。

小　　傻：送財童子……真是直白的說法。

Beauty53：這是最貼切的說法了，在他們眼裡，散戶就只是這樣而已。當他們要收購股票的時候，假如流動性不夠，那就人為製造一點，放出利空，搶走散戶手上的股票。等到想賣股票的時候，假如市場上流動性又不夠……那就動員分析師開始到處

推薦股票，像在以前委託交易盛行的時候，還會有人拿客戶的錢來接盤，做這種無恥的事，以前甚至還有證券公司的員工因此受罰。

小　　傻：聽到您這麼說，真的覺得靠免費資訊投資的行為，是最糟糕的選擇。

Beauty53：我想說的就是這件事。散戶在資訊戰上絕對打不贏他們，所以說散戶能做的事情只有從他們創造出來的行情波動中，享受漁翁之利。散戶無法創造趨勢，只能夠追蹤趨勢。

> 🔍 停損

利用已規劃好的腳本，克服心理的焦慮

小　　傻：關於停損的必要性，一直都有很多爭議。您好像認為停損是不可或缺的一件事，可以解釋一下原因嗎？

Beauty53：很多人對停損抱持著誤解。他們認為在沒有分析、沒有計畫的情況下進場，機械式的進行停損，是一種停損，但我並不認為這叫做停損。

小　　傻：不然呢？

Beauty53：操盤手要建倉前，當然要先分析行情，並且設定好交易策略。操盤手在進場之前，肯定對市場的走勢有一定的看法。雖然我們嘴上說，趨勢交易人不會預測行情，但這句話其實是在強調應對進退的重要性，不過連趨勢交易人在追蹤趨勢的時候，也是認為行情會持續下去才進場的。只是行情不可能永遠都照著我們的想法走，分析行情的經驗越老練，交易策略設計得越好，必然能大幅降低停損的頻率。可即便如此，人類依然沒有能力做到百發百中。所以我認為，判斷錯誤的時候就要承認錯誤，先退一步停損，然後再開始擬定新的計畫。

小　　傻：原來是要打破自己的固執。

Beauty53：沒錯。明明知道自己的想法是錯的，卻又固執己見，這麼做是不對的。操盤手在建倉之前，肯定有明確的進場原因。當

　　　　　　行情的動向不如預期的時候，就代表進場的原因已經消失了。即便如此還繼續持有倉位，就不合理了。這種時候，不只出場策略會變得模糊不清，交易也會變得一團糟。倘若運氣不好，因為沒有停損而蒙受了鉅額的虧損，虧損額超出自己起初能夠承受的範圍，就可能把整場交易推向崩潰的狀態。

小　　傻：您覺得為什麼人們做不好停損呢？

Beauty53：基本上是因為不想承認自己虧錢的心態。另一方面應該也是對於錯失良機感到焦慮──「如果我停損之後，股價又再飆漲怎麼辦？」這種焦慮感是導致人們對平倉猶豫不決最重要的因素。

小　　傻：仔細想想，我好像能理解這種心態。我賣掉之後行情就上漲，沒有比這個更氣人的事了吧。

Beauty53：各位一定要記得，市場的機會無窮無盡，千萬不可以心急。除此之外，交易前，最好就先設定好停損後重新進場的條件，人類在沒有計畫的時候，往往容易動搖。從一開始就明確的擬定好因應各種情況的計畫，不安和焦慮感也會隨之減少。

🔍 逆向操作

跟群眾唱反調才能不賠錢

小　　　傻：市場上盛傳，投資要跟群眾抱持著不同的逆向思維，關於這部分您怎麼看？

Beauty53：很合理的一句話。群眾最終必然會輸錢，所以絕對不能跟他們結伴同行到最後一刻。

小　　　傻：不能結伴同行到最後一刻⋯⋯？這句話的意思是，有時候還是要跟著人群走嗎？

Beauty53：沒錯。所謂強勁的趨勢，就是源自於一種群眾運動。

小　　　傻：有沒有什麼可以平衡趨勢交易和逆向操作的好方法呢？

Beauty53：這一點聽其來可能有點矛盾，不過其實追蹤趨勢，本身往往就是一種逆向操作。當股價長期處於箱型走勢，好不容易突破的時候，大部分的群眾都不敢輕易上車，因為行情看起來已經太貴了。

小　　　傻：啊，所以近期箱型突破進場法會如此廣為流傳，就是因為這樣嗎？

Beauty53：這就是股市有趣的地方。就算人們認為這是眾所皆知的常識，但實際遇到這個情況的時候，卻無法照著理論實踐。當股價創新高的時候，通常看起來都很昂貴，而且市場上也常常發生假突破的情況，所以很多操盤手會猶豫不決。但是上當受

騙然後停損，是從事交易的人必須花費的必要成本，不應該試圖去逃避這件事。

小　　傻：除此之外，逆向操作還會在什麼時候派上用場？

Beauty53：行情上漲的過程中，有時候股價會突然崩跌。通常在上漲的過程中，行情強勢向下波動的時候，就是最佳的進場機會。但是很多散戶會被這種波動嚇到，拋售手上的持股。專業操盤手會在回檔的時候收購股票，業餘操盤手卻會拋售股票。

小　　傻：還有其他的嗎？

Beauty53：趨勢波動在最後階段的時候，常常會出現強烈的波動。奇怪的是，群眾不知道是不是被大紅K棒給催眠了，他們常常會對股價的上漲堅信不移。不過專業操盤手在看到行情波動加劇的時候，就會感受到行情已經漸漸步入尾聲，開始準備清倉了。看似已經接近尾聲的行情如果再次起死回生，在這種時候進場也算是一種逆向操作吧。

小　　傻：原來如此，我一直很好奇為什麼逆向操作在市場上有效。市場應該不會故意讓投資人吃盡苦頭吧……難道是因為有主力在操縱行情嗎？

Beauty53：^^; 有時候主力確實會故意讓散戶掉入陷阱裡，但是逆向操作之所以有效，重點在於羊群心態。打個比方，如果人們平均站在漂浮於水面上的竹筏，這時候因為大家的體重達到平衡，所以竹筏會漂浮在水面上。但如果出於某個因素，人們往同一側聚攏，那一側就會超載，導致竹筏翻覆沉入水面。所以說，當市場情緒過度側重於某一側，就會發生崩潰。

小　　傻：這個比喻很有趣。為什麼市場會出現這種特性呢？

Beauty53：其實很簡單，當所有人都覺得行情會上漲，所有人就都會去

買股票,就像是所有人都朝著同側甲板靠攏一樣。但行情如果要繼續上漲,就要有人願意用更高的價格買進股票,不過因為所有人都已經進場了,因此市場上已經沒有買方了。最終,最敏銳的人開始拋售持股,行情因此進而崩潰。

> 🔍 選擇權投資
>
> # 沒有原則就死路一條，
> # 絕對只能小額投資

小　　傻：我覺得大多數散戶都對期貨和選擇權相對陌生，可以跟您聊聊期貨和選擇權嗎？

Beauty53：好，沒問題。^^

小　　傻：現貨市場和金融衍生市場最根本的差別是什麼？

Beauty53：最根本的差異可以說是槓桿吧。購買衍生商品，就等同於是在現貨市場上進行融資或融券。

小　　傻：這很危險嗎？

Beauty53：那當然，交易衍生商品就是典型的高風險、高報酬。如果沒有具體的獲利模型，只憑感覺下去操作，往往會血本無歸。因為開了槓桿的關係，操盤手的投資模式會趨於短期化。

小　　傻：我們有辦法做什麼來控制風險嗎？

Beauty53：所以說，停損對期貨交易而言很重要；小額交易對選擇權交易來說很重要。

小　　傻：您可以講解一下期貨跟選擇權的差異嗎？

Beauty53：期貨的方面，只要儲備資金充足，而且你願意，就可以無限延長你的遊戲時間。換句話說就是，進場建倉之後，投資人可以按照自己的意願出場。期貨雖然每三個月會到期，但如

果想要繼續持倉，可以轉倉 Rollover 到下個月的期貨合約，所以沒什麼太大的問題。問題在於選擇權。韓國的選擇權一般以一個月為一個週期，期滿時會決定你是賺是賠。換句話說，選擇權是一場以一個月為週期決定勝負的遊戲，基於這點，我們可以說選擇權是一種和時間競速的遊戲。

小　　傻：時間競速遊戲……？可以舉個具體一點的例子嗎？

Beauty53：舉例來說，如果你買了一個了履約價 190 點的選擇權，代表你賭的是選擇權期滿之前，KOSPI 200 指數會上漲到 190 點以上。時間拖得越久，選擇權的價值就越低，假如期滿之前，越來越確定指數無法超過 190 點，選擇權的價格就會崩跌。

小　　傻：所以說，到期日之前，如果我賭的指數漲不上來，選擇權的價格就會一落千丈嗎？

Beauty53：沒錯，所以選擇權的特色就是價格波動非常劇烈。選擇權很難在短時間內講完，我就講幾個基本原則吧。

務必以小額交易

大額投資選擇權，是一種瘋狂的行為。不管是買進還賣出，選擇權都以小額交易為原則。

想成為選擇權交易專家，先學會怎麼進行合成交易吧

專門在玩選擇權的人，比起裸買賣，更偏好使用合成的方式交易。如果想成為選擇權專家，就要從選擇權的基本理論一步一步慢慢學起。別幻想著要透過買權剝頭皮的方式賺錢，你會在不知不覺間不斷虧損，最終破產。

兼職交易選擇權的人，應該跟著波動性買進

像我這樣主要交易期貨的人，選擇權應該等待波動性爆發，可以帶來大幅獲利的時候再進行交易，尤其是行情長時間上漲後的高點附近，或是股價下跌後，市場處於恐慌狀態，行情波動非常劇烈的時期。在這種時候，每天無腦小額買進買權或賣權，等到價格翻五倍以上的時候再平倉。利用這種操作方式的時候，請把小額虧損當成是營業成本。

> 🔍 期貨投資
>
> # 槓桿的高風險，預備金要充足才行

小　　傻：您之前有說過，期貨交易跟現貨其實沒有太大差異，但不管怎麼說，對於大多數的散戶來說，期貨都還是不容易入門。想請您也聊聊期貨，可以嗎？

Beauty53：期貨跟選擇權一樣，都屬於金融衍生商品，不過除了它帶有槓桿的元素以外，其他性質跟現貨都一樣。買進期貨跟買進現貨具有相同性質，賣出期貨則跟現貨賣空很類似。

小　　傻：從本質來說，期貨的複雜程度比選擇權簡單很多。

Beauty53：對啊。期貨交易基本上具有方向性，只要跟著箭頭的方向走就行了，所以期貨市場裡有很多投機交易人，短期的流動性和波動性也更豐富，很多技術交易人都偏好交易期貨。除此之外，期貨市場也是最適合趨勢交易的市場。

小　　傻：期貨交易有什麼注意事項嗎？

Beauty53：如果投資額超過自有資本能承受的範圍，期貨交易就會產生風險，並不是期貨市場本身內部具有什麼其他的風險。反而如果是透過技術分析進行交易，期貨市場的勝率比現貨市場更高，從某些角度來說，我甚至認為期貨市場更安全。

小　　傻：歸根究底，期貨市場比較適合對自己有一定程度自信的人吧。買進一口期貨，大概需要多少資金呢？

Beauty53：韓國期貨每一點的價格是 50 萬韓元，換句話說，當期貨指數上下波動一點的時候，就會發生 50 萬韓元的未實現損益。假設期貨指數是 200 點，一口期貨的價格就大約是 1 億韓元。但買進一口期貨不需要 1 億韓元，只需要有 15% 的資金，也就是 1500 萬韓元。只要有 1500 萬韓元的保證金，就可以交易一口期貨。

小　　傻：假設未實現虧損額過大的時候，期貨也會像現貨融資一樣被斷頭嗎？

Beauty53：你問到重點了。期貨基本上是每天結算。舉例來說，如果我今天在期貨指數 180 點的時候買進一口期貨，當天收盤收在 185 點的話，我的戶頭就會進帳 250 萬韓元。當然，這筆錢肯定是來自於某個賣空期貨的人身上。關於你的問題，假如我當天戶頭裡的餘額，低於我持有部位換算價值的 10% 以下，就會被要求回補保證金，如果繳不出來的話，就會被斷頭。

小　　傻：真的好可怕。如果保證金不夠，就不應該交易期貨。

Beauty53：反過來說，初始資金雄厚的投資人，只要在期貨遊戲裡，持續維持中期趨勢追蹤策略，長期下來終究會獲利。

小　　傻：真的嗎？

Beauty53：是的。就算在沒有趨勢的市場上賠了錢，只要有能夠撐下去的資金，等終究會在趨勢發生的時候獲利。長期進行趨勢交易，結果肯定會賺到錢。

小　　傻：那麼，大多數散戶之所以會失敗，是因為初始資金不足嗎？

Beauty53：你講到重點了。衍生品交易基本上就是主力們的遊戲。如果沒有足夠的預備款，在遊戲的過程中你會不斷感到焦慮。反之，如果你有足夠的預備款，期貨市場比現貨市場更適合進

行趨勢追蹤策略。

小　　傻：那麼您怎麼會從一開始就在從事期貨交易？您打從一開始就有雄厚的資本嗎？

Beauty53：坦白說，我是在師父的金援下開始交易。當我從事趨勢交易，但面臨被追繳保證金的時候，師父會先檢討我的交易明細，確認我沒有違反趨勢和原則，他就會提供保證金，因為他知道，趨勢交易終究會獲勝，他可以回收借給我的資金。

小　　傻：真是優秀的師父。好羨慕啊～ ^^

Beauty53：他從來不會被動搖。如果我沒有遵守原則，他會狠狠的教訓我一番，但對於在堅持原則情況下的虧損，他總是處之泰然。我在師父的幫助下，最終累積了一筆屬於我的資本，後來我只要用自己的錢，就足以擁有足夠的預備款了。

小　　傻：我好像挖出了一個您的祕密。原來您的成功背後，還有著師父的幫助。

Beauty53：沒錯，如果沒有他，我不可能有今天。

小　　傻：那您就很難建議預備金不足的散戶們從事期貨交易了吧。

Beauty53：沒錯，錢不夠多的話，請不要碰期貨。期貨交易人很容易忘記，當自己買進一口期貨的時候，實際上是花 1 億元買進了 KOSPI 200 指數。投資人必須要有 1 億元左右的閒錢，才能安心交易期貨。但是總財產只有區區 1500 萬韓元的投資人，如果跑去做期貨交易，等於是賭上自己所有的身家，這種交易方式就是讓期貨交易變得危險的原因。

小　　傻：所以如果要從事期貨，至少要有 1 億韓元嗎？

Beauty53：目前的指數大概是 200 左右，從這樣看來，至少要有 1 億元才能保持餘裕。可動用資產不夠寬裕的操盤手，在交易期貨

的時候還會遇到另一個問題，就是投資模式短期化。當預備金充裕的時候，就算要回繳保證金，只要繳完就沒事了，但如果資金不夠，對於些微的指數波動都會感到巨大的壓力，很有可能導致投資人採取剃頭皮、準剃頭皮的方式，就時間拉得算再長，也頂多只是當沖交易。但越是短期市場，市場噪音越多，競爭也越激烈，非常難以獲利。

小　　傻：這就是為什麼，在現貨市場上失敗後，抱著放手一搏的心態進入金融衍生市場的散戶，最終會失敗的原因啊。

Beauty53：沒錯。我把剛開始交易時，需要達成的收益幅度，稱之為期貨市場的入門門檻 Entry barrier of futures market。交易期貨的人，必定要有一定程度以上的閒錢。交易期貨的時候，要抱持著跟現貨交易時一樣有餘裕的心態，採取中長期的方式投資，成績會更好。如果可以在日 K 以上的線圖使用趨勢追蹤策略，長期下來成功的可能性很高。

小　　傻：我想問最後一個問題。為什麼您會成為衍生商品交易人呢？

Beauty53：^^; 肯定是有原因的啊。因為我當時非常心急。我的操盤手生涯剛開始的時候，欠了一大筆債，實在無法透過交易現貨來償還債務。最後我也跟大多數散戶一樣，一腳踏進了金融衍生市場。我唯一的好運就是遇到了我師父，他讓我從一開始就踏上了成功的康莊大道。也許是因為這樣吧，我一直覺得我對市場好像有所虧欠。

小　　傻：謝謝您如此精彩的分享。

- 結語 -
獻給想成為市場贏家的你

　　小時候我經常玩走欄杆的遊戲。欄杆的高度，是決定這場遊戲是好玩還是恐怖的關鍵。

　　欄杆的寬度和欄杆的高度無關，都一樣寬。換句說就是，不管欄杆的高低，我們掉下去的機率都一樣，但是我們卻可以在比較低的欄杆上跑跑跳跳，但當我們站在高度較高的欄杆上，卻是動彈不得，連邁出一步都很困難。

　　為什麼會這樣？

　　這兩件事從表面上看來似乎一樣，但本質上卻是完全不同的兩種遊戲。在高度不高的欄杆上玩遊戲，就算掉下來也不會發生任何問題，跌倒再爬上去就行了。但在高度較高的欄杆上玩遊戲，假如掉下來，不只會受重傷，還可能因此喪命。沒有任何賭注的遊戲，跟賭上生命的遊戲，就算遊戲的形式相同，也是兩種完全不同的遊戲。人類本能上就能清楚認知到這兩者之間的差異。

　　金融遊戲在人類進化史上的歷史並不久遠，所以我們的本能，似乎還沒進化到能夠準確計算這類型的風險。例如，那些舉債，拿著超過自身能力範圍的資金在市場上梭哈的人，似乎沒有辦法意識到自己正在玩一場，摔下去就可能會摔死的欄杆遊戲。他們的本能沒有運作，無法發出警告。

　　成為一位老練操盤手，就像是開發了新的本能，可以準確感知到人

類還沒發育完全的金融風險。不管欄杆的盡頭有著再大的獎賞，當你為了拿到它而賭上自己的性命，那個獎賞就沒有意義了。那些賭上自己的性命，就為了取得獎上的人，我們稱之為「冒險家」。冒險家看起來很帥，有時也能賺進一筆鉅額的財富，所以他們的人生被寫成小說，甚至被翻拍成電影，但是這些人的結局永遠不會改變。他們永遠都賭上自己所有的一切，所以只要失敗一次，就會失去一切。如果各位希望自己的人生結局也是這樣，那你想成為「冒險家」也無妨。如果你的人生無時無刻都必須要充滿刺激，否則你就會坐立難安，那你想要用這種方式賭博也無所謂。

　　人們的錯誤，不只有發生在計算風險上，更大的錯誤出現在計算投資報酬率的過程上。簡單來說，大部分的散戶都抱持著過分的幻想進入股市。就連被稱為全球最強投資人的巴菲特，都能滿足於 20～30% 左右的年化報酬率，但散戶們卻夢想著要在短時間內大賺兩、三倍，簡直令人無言。

　　雖然說，如果開槓桿的話，要賺個兩到三倍並不是不可能。我也曾經為了讓自己完全崩毀的人生東山再起，而使用了槓桿，但當時我已經擁有了確實可以獲利的投資模型。假如打從一開始就錯估了風險和投資報酬率，在這種情況開槓桿，會成為你傾家蕩產的捷徑。

　　在不開槓桿的情況下，一位正常的現貨操盤手，如果能夠每年持續寫下 20% 以上的報酬率，就已經可以登上傳奇投資人的行列了。不要被報酬率大賽第一、第二名那天文數字般的報酬率給迷惑了。從風險溢酬的角度探討的話，他們有可能承擔了鉅額的槓桿，或者只是單純運氣好也說不定。

　　總之，在這個人滿為患的大型市場上，屢屢夢想著要用普通的方式達成三位數的報酬率，真的是很愚蠢的想法。各位的目標應該是，花十

年左右的時間，賺到一筆可觀的財富。

撲克牌和交易的共同點之一，就是兩者都是一個「等待的遊戲」。獲利是市場給的，換句話說就是，如果市場沒有創造出趨勢，投資人再怎麼厲害也無法獲利。然而市場形成趨勢，永遠都有「時機」，而且從市場結構上來看，這個時機通常會出現在大眾最意想不到的時候。說不定就在你賭光所有資金，無法繼續參與市場的時候，這個時機就會突然來臨。

所以說，各位投資人如果想成功，就要先保護自己，想辦法在這個時機來臨之前，在名為市場的叢林中生存下來。時機成熟的時候，超乎各位想像的泡沫，將會讓你們成為富翁。市場的贏家只有少數，這個命題必定是永恆不變的真理。所以說，讀著這本書的各位，不一定都能成為市場上的贏家。

我寫這本書的目的，不是讓各位懷抱著虛無飄渺的夢想。起初我收到邀稿的時候，我之所以猶豫，就是擔心我的書步入其他商人的後塵，為散戶帶來虛無飄渺的希望，反而助長散戶在股市賭局裡喪盡家產。即便如此，有兩點原因，讓我還是決定透過這本書跟各位分享我那不足為道的投資方法，

第一點：我想告訴各位，賺錢沒有什麼祕訣，也沒什麼王道。所有賺錢的技法，早就都已經廣為人知。問題在於，有很多散戶不去深入學習，而是被商人們玩弄在股掌之中。

第二點：對於那些除了股票以外沒有其他生存技能的人們，我想告訴他們最基本的「賭博技術」。我想要用最客觀的立場告訴他們，想要在股市裡生存下來，最重要的關鍵就是自己。

讀到這裡辛苦各位了。真心希望各位下次買書的時候，買一些關於財務規劃和資產管理的書籍，不要再買如何用股票賺錢的書籍了。

alchemist 003

順勢而為
挥出獲利全壘打！運用趨勢追蹤策略，為自己創造投資好球帶！
쩐의 흐름을 타라

作　　　者	Beauty53
譯　　　者	蔡佩君
總　編　輯	曹慧
副總編輯	邱昌昊
責任編輯	邱昌昊
封面設計	職日設計
內文設計	Pluto Design
行銷企畫	黃馨慧、林芳如

出　　　版	奇光出版／遠足文化事業股份有限公司
	E-MAIL：lumieres@bookrep.com.tw
	粉絲團：facebook.com/lumierespublishing
發　　　行	遠足文化事業股份有限公司（讀書共和國出版集團）
	www.bookrep.com.tw
	231 新北市新店區民權路 108-2 號 9 樓
	電話：（02）2218-1417
	郵撥帳號：19504465　戶名：遠足文化事業股份有限公司
法律顧問	華洋法律事務所　蘇文生律師
印　　　製	通南彩色印刷股份有限公司
定　　　價	480 元
初版一刷	2025 年 4 月
初版二刷	2025 年 7 月
Ｉ Ｓ Ｂ Ｎ	978-978-626-7685-04-4　　書號：1LAL0003
	978-978-626-7685-02-0（EPUB）
	978-978-626-7685-03-7（PDF）

쩐의 흐름을 타라 (Get on the flow of money)
Copyright © 2009 by 미녀 53（beauty53, 美女 53）
All rights reserved.
Complex Chinese Copyright © 2025 by Lumiéres Publishing, a division of WALKERS CULTURAL CO., LTD.
Complex Chinese translation Copyright is arranged with Editor Publishing Co. through Eric Yang Agency.

有著作權・侵害必究・缺頁或裝訂錯誤請寄回本社更換。｜歡迎團體訂購，另有優惠，請洽業務部（02）2218-1417#1124、1135｜特別聲明：有關本書中的言論內容，不代表本公司／出版集團之立場與意見，文責由作者自行承擔

國家圖書館出版品預行編目資料

順勢而為：挥出獲利全壘打！運用趨勢追蹤策略，為自己創造投資好球帶！／Beauty53 作；蔡佩君譯 . -- 初版 . -- 新北市：奇光出版，遠足文化事業股份有限公司，2025.04
　面；　　公分 . -- (alchemist；3)
譯自：쩐의 흐름을 타라
ISBN 978-626-7685-04-4（平裝）
1.CST：股票投資 2.CST：投資技術 3.CST：投資心理學
563.53　　　　　　　　　　　　　　　　　　114002076

《順勢而為》
購書讀者線上特典

SCAN HERE

感謝您購買本書！
編輯部經過作者同意，節錄翻譯了三篇當年的論壇文章，
若您想知道更多 Beauty53 的背景故事，歡迎下載閱讀。

掃描 QR CODE 或輸入網址填寫本書問卷，
即刻一窺 Beauty53 給所有讀者們的真心告白！
https://forms.gle/tQChBtRYDCRkA4Fp8